아무도 보지 않는다고 생각하고 춤을 추어라.
누구에게도 상처받지 않은 것처럼 사랑하라.
아무도 듣지 않는다고 생각하고 노래를 불러라.
마치 지상이 천국인 것처럼 살아라.
퍼키

당신 자신이 되어라.
다른 사람의 자리는 모두 찼다.
오스카 와일드

내가 고른 붓, 내가 고른 색깔을 가지고
내 손으로 직접 그린 낙원 속으로 뛰어들자.
니코스 카잔차키스

不再讨好：做安稳强大的自己 by 黄玉玲
ISBN: 9787115594839
This is an authorized translation from the SIMPLIFIED CHINESE language edition entitled
《不再讨好：做安稳强大的自己》published by Posts & Telecom Press Co., Ltd., through
Beijing United Glory Culture & Media Co., Ltd., arrangement with EntersKorea Co.,Ltd.

남의 비위 맞추기는 이제 그만

남의 비위 맞추기는 이제 그만

펴낸날 2023년 10월 30일 1판 1쇄

지은이 황위링(黃玉玲)
옮긴이 이지연
펴낸이 김영선
편집주간 이교숙
책임교정 정아영
교정·교열 나지원, 이라야, 남은영
경영지원 최은정
디자인 바이텍스트
마케팅 조명구

발행처 ㈜다빈치하우스-미디어숲
주소 경기도 고양시 덕양구 청초로 66 덕은리버워크지산 B동 2007호~2009호
전화 (02) 323-7234
팩스 (02) 323-0253
홈페이지 www.mfbook.co.kr
출판등록번호 제 2-2767호
값 18,800원
ISBN 979-11-5874-202-7(03180)

㈜다빈치하우스와 함께 새로운 문화를 선도할 참신한 원고를 기다립니다.
이메일 dhhard@naver.com (원고 투고)

눈치 따위 보지 않고 나답게 유쾌하게 사는 법

남의 비위 맞추기는 이제 그만

황위링 지음 · 이지연 옮김

눈치는 버리고
센스는 챙기자!

미디어숲

'비위를 맞추는 삶'이라는 거추장스러운 겉옷을 벗고

　나는 내 주변에서 상대에게 그저 '좋아요'만 말하는 '착한 사람'을 많이 보았다. 그들은 감성지수EQ가 절대 낮지 않으며 평범한 관계에서는 자신의 이익을 지키기도 한다. 하지만 연인이나 부부 또는 부모·자녀 관계와 같이 친밀한 관계에서는 전혀 다른 사람이 된다. 자신이 중요시하는 가까운 관계 안에서는 오로지 좋음만 표현하고, 싫음은 내색하지 못하기 때문이다.

　인간관계에서는 '좋고 싫음'을 정확히 표현하는 것이 중요하다.

　인내와 양보를 미덕으로 삼는 사회에 살고 있는 우리는 어릴 때부터 '타인을 배려하라', '조금 손해를 보는 것이 나중에는 큰 이득이 된다'와 같은 가르침을 받고 자랐다. 문제의 핵심은 착한 사람

자체가 아니라, 그저 착한 사람만 되어서는 안 된다는 것이다.

세상은 '착한 사람'으로 넘쳐난다. 그들은 겉모습은 착한 사람처럼 보이지만, 내면의 자아는 아직 미성숙한 상태인 경우가 많다. 나는 '자아'라는 단어에 새로운 정의를 붙여보았다. '자아'란 우리의 정신적 생명이다. 자아가 미성숙하다는 것은 한 사람의 정신적 생명이 아직 탄생하지 않았다는 것을 의미한다. 조금만 생각해 보면 이 주제가 얼마나 심오한 의미가 있는지 알 수 있을 것이다.

그렇다면 누가, 어떤 힘이 자신을 파괴하고 정신적 생명의 탄생을 막는 걸까?

이 질문을 받으면 대부분의 사람은 주변 관계를 탓한다. 남의 비위를 맞추는 사람들은 늘 "좋아요"만 말하기 때문에 떳떳하게 말할 것이다. "난 아니에요! 내 탓일 리가 없어요!"

나는 이 책을 읽으며 매우 공감되는 논리를 발견했다. 부모의 무리한 요구를 거절하지 못하고 진정한 목소리를 내지 못하는 아이들은 자신이 '나쁜 사람'이 되는 것을 두려워한다. 나쁜 사람이 되면 죄책감에 시달리게 되고, 무서운 처벌을 받거나 가족에게 버림받는 위험을 감수해야 하기 때문이다. 이것은 아이들이 가장 두려워하는 부분이라고 할 수 있다. 그래서 아이는 자기 자신을 희생해서라도

'정신적인 자아'의 성장을 억누르려고 한다.

남의 비위를 맞추는 행동은 누군가에게 버림받았던 상처에서 비롯된다. 만약 사회에 기본 바탕색이 있다면 남의 비위를 맞추는 성향이 그중에 최소한 한 가지 색은 이루고 있을 것이다. 세상에는 버림받은 상처에 갇혀 있는 사람들이 너무도 많기 때문이다.

『인간실격人間失格』은 다자이 오사무太宰治의 자전적인 작품으로, 이러한 심리를 정확하게 묘사하고 있다.

그래서 제가 생각해 낸 것은 익살이었습니다. 그것은 인간에 대한 저의 최후의 구애였습니다…. 저는 익살이라는 가는 실로 간신히 인간과 연결될 수 있었던 것입니다. 겉으로는 늘 웃는 얼굴을 하고 있었지만 속으로는 필사적인, 그야말로 천 번에 한 번밖에 안 되는 기회를 잡아야 하는 위기일발의 진땀 나는 서비스였습니다.

게다가 저는 가족에게 꾸중을 들어도 말대꾸한 적이 한 번도 없습니다. 그 사소한 꾸중은 저에게는 청천벽력과도 같아 저를 미칠 지경에 이르게 했기 때문에 말대꾸는 꿈도 못 꿨지요…. 남이 저에게 욕을 하면 '그래 네 말이 맞아. 내 생각이 틀렸던 거야'라고 생각하며 언제나 그 공격을 잠자코 받아들이고 속으로는 광기 어린 공포를 느꼈던 것입니다.

여기서 '광기 어린 공포'는 버림받음에 대한 공포이다. 이러한 공포는 모든 것을 압도하기 때문에 그는 이 공포를 피할 수만 있다면 모든 것을 희생할 각오가 되어 있었다. 아첨이든, 익살이든 그것이 무슨 대수인가, 그저 버림받지 않기만 하면 되는 것이다.

일본 영화 〈혐오스런 마츠코의 일생嫌われ松子の一生, Memories Of Matsuko〉에서, 여주인공 마츠코의 작가 남자친구는 기차에 몸을 던져 자살하기 전에 '인간으로 태어나서 미안해'라는 유언을 남긴다. 이는 다자이 오사무의 실제 자살 유언이기도 하다. 『인간실격』이라는 소설 제목 자체도 버림을 받은 사람의 상처와 감정을 여실히 드러내고 있다. 어린 시절에 외면당하고 무시당했던 사람은 자신이 인간으로서 존재할 자격이 없다고 느낀다.

이러한 감정이 저변에 깔려 있다면 한낱 지푸라기라도 잡아야겠다는 간절함이 생긴다. 바로 이 때문에 아무리 느슨한 연결고리라 해도 타인과의 관계에 극도로 집착하게 되는 것이다.

버림받음에 대한 공포는 비단 다자이 오사무와 마츠코의 남자친구만의 이야기가 아니다. 사랑을 갈망하지만 이를 경험한 적도 없고 심지어 사랑이 뭔지 조차 모르는 수많은 사람이 자신도 버림받을까 봐 두려움에 떨고 있다.

이 책은 이러한 다소 비극적인 문화 현상과 감정 패턴을 깊이 분석하였다. 이 책에 깊이 빠져들다 보면 예상치 못한 수확을 얻게 된다.

책의 제목은 『남의 비위 맞추기는 이제 그만』이다. 나는 개인적으로 이 제목이 참 마음에 든다. '그만'이라는 부사는 진정한 나를 만들겠다는 결연한 의지를 나타내며, 이는 개인의 '정신적 자아'에 대한 독립선언이기도 하다.

'남의 비위 맞추기는 이제 그만'이라는 말은 그동안 남의 비위를 맞추며 살아왔음을 의미한다. 만약 여러분이 제목에 이끌려 이 책을 펼쳐보았다면, 마음속에 이에 대한 고민의 씨앗이 존재하고 있을 가능성이 크다. 평소 남의 비위를 맞추는 행동 습관을 갖고 있다면 이 책은 내적으로 취약한 자신을 재정비하고 다시 튼튼한 뿌리를 내리는 데 도움이 될 것이다. 그리고 과거의 행동 패턴과 작별하기로 결심한 사람에게는 본문 뒤에 나오는 연습 활동이 큰 도움이 될 것이다.

책의 저자인 황위링 선생님은 우리 팀에서 매우 전문적이고 능력 있는 상담사로 꼽힌다. 선생님은 한 개인의 인간관계 패턴이 가정 환경에서 비롯된다는 점에 주목하고, 가정환경이 남의 비위를 맞추는 행동의 형성과 특징에 어떤 영향을 미치는지, 어떤 감정 반응이 동반되는지 구체적으로 분석했다. 이는 개인적으로 매우 인상 깊었던 부분이다. 감정은 '관계'의 기반이고, 이해는 '치유'의 기반이 된다. 이 심오한 논리를 풀어낸 책을 독자들이 읽게 된다면 작가의 독특하고 깊이 있는 통찰력에 크게 공감할 것이라 확신한다.

특히 이 책에서 언급된 '주체성 구축'은 무엇보다 중요하다. 이는 매우 확실하고 탄탄한 자아 성장의 길이자 희망의 길이다. 비록 그 여정이 아득하게 느껴질지라도, 억눌려온 '정신적 생명'과 타인과의 관계에서 쓰라리게 아팠던 경험을 생각하면 용기 있는 한 걸음을 내디딜 수 있을 것이다.

권력을 악용해 타인을 억압하는 사람들, 늘 눈치를 보며 남의 비위를 맞추는 사람들, 세상의 많은 이들은 이렇게 지나치게 애쓰며 살고 있다. 이런 행동 뒤에는 자신의 의지대로 일이 풀리기를 바라는 욕구가 숨겨져 있다. 이 욕구는 광기 어린 권력욕처럼 매우 직접적이고 거칠게 나타나기도 하고, 습관적으로 남의 비위를 맞추는 것처럼 매우 완곡하거나 눈에 보이지 않을 정도로 약하게 나타나기도 한다. 이러한 행동 패턴의 배후를 깊이 들여다보면 그 속에 과도한 자기애적 동기가 있음을 알 수 있다.

'내가 이렇게까지 했는데 너희는 왜 내 뜻대로 하지 않는 거야!'

우리는 '나는 나고, 너는 너다'라는 기본적 사실을 인정하고 인간의 존재 자체를 존중하며 내가 나를 가장 잘 통제할 수 있음을 깨달아야 한다. 이렇게 자신의 몸과 마음을 수련하다 보면 눈앞에 다른 세상이 열릴 것이다.

황위링 선생님은 과도한 자기애적 동기에 관해 매우 심도 있고 다차원적인 해석을 보여준다. 이는 책의 2부에서 가장 많이 언급된 내용으로 인간의 지나친 자기애적 사고가 많은 부작용을 초래한다는 것을 경고하고 있다. 또한 이 책은 생각의 힘이나 내면을 키우는 활동을 누구나 이해하기 쉽게 설명하였다. 마치 심리 상담에서 상담사가 내담자의 무의식적인 괴로움을 언어로 대신 표현해 주면서 그 무의식을 의식화시키는 것처럼, 말하기 어려웠던 고통을 누군가 공감해 주는 듯한 느낌을 받게 된다. 이는 상담사의 능력을 엿볼 수 있는 대목이라고 할 수 있다. 그동안 말할 수 없는 외딴 섬에 갇혀 있던 사람들은 공감과 이해를 받으며 따뜻한 위안을 느낄 것이다.

또한 이 책은 다양한 현실적인 예시를 담고 있다. 예를 들어, 아이들은 자신이 무언가를 완벽하게 해내면 부모님의 사랑을 받을 수 있다고 생각하고, 아내는 현모양처가 되면 행복한 삶을 얻을 수 있다고 생각한다. 이 모든 것은 자신이 아닌 타인을 만족시키는 것을 전제로 하므로 이런 관계에서 자아가 존재하기란 쉽지 않다. 부모 위주의 삶을 사는 자녀는 아직 진정한 독립을 하지 못한 것이며, 늘 타인 위주의 삶을 사는 사람은 진정한 자신의 인생을 살지 못하고 있음을 의미한다.

아마도 많은 독자가 이 책의 사례에서 등장하는 인물들 속에서 자신의 모습을 발견할 것이다. 이는 여러분의 마음에 공감이 일어났다는 뜻으로, 이러한 공감은 깨달음과 변화의 문을 여는 중요한 열쇠가 될 수 있다.

갈등을 피하고 다른 사람의 비위를 맞추는 태도는 강박적인 반복만을 가져오지만, 용기 있게 현실을 직면하다 보면 새로운 가능성을 만들어낼 수 있다. 나는 이 책의 마지막 부분에서 작가가 매우 섬세한 언어로 치유의 청사진을 제시한 것에 큰 감명을 받았다. 다양한 힘을 키우는 연습을 통해 우리는 자신의 주체성을 구축하고 '정신적 생명'을 탄생시킬 수 있다. 이로써 '나'라는 토양에 튼튼한 뿌리를 내리면서 더 이상 남의 비위를 맞추지 않는 진정한 자신의 주인이 될 것이다.

본문과 연계되는 연습 활동에 하나하나 진지하게 임하고 따라 하면 큰 도움이 될 것이다. 특히 마지막 연습 활동은 따뜻하고 에너지 넘치는 내용으로 구성되어 있어 여러 번 시도해도 좋을 것 같다.

사실 나 역시 오랜 세월 동안 '착한 사람' 역할을 했었다. 몇 년 전 어느 날 아침, 평소처럼 길을 걷다가 문득 형용하기 어려운 평온함을 느꼈다. 그리고 이제 내가 남의 비위를 맞추며 사는 '겉옷'을 벗어던졌음을 알게 되었다. 원래 내 머릿속은 항상 다른 사람의 목소리로 시끄러웠지만, 더 이상 그들에게 틈을 내어주지 않았고, 타인에 대한 책임과 의무에 연연하지도 않았으며, 나 자신의 감정을 존중하는 것에 집중했다. 그러자 마침내 평정심이 내게로 왔다. 언젠가 여러분도 나와 같은 깨달음을 얻게 될 것이라 믿는다.

누군가를 사랑하는 것은 상대의 비위를 맞추는 것이 아니라 그 사람에 대한 믿음을 표현하는 것이다. 나는 우리 모두가 자신의 행복에 집중하며 곤경에서 벗어날 수 있는 능력을 갖고 있다고 믿는다. 사랑이란 나의 주체성을 보여주며 진정한 자아와 사랑하는 상대가 진실하고 단단한 연결고리를 맺는 것을 의미한다.

마지막으로 어느 내담자가 한 말을 인용하면서 추천사를 마무리지을까 한다.

인생은 수백, 수천, 심지어 수만 개의 크고 작은 선택으로 이루어져 있다. 늙어서 지난 일생을 돌아보았을 때 가장 소홀히 대해 온 사람이 다름 아닌 '나 자신'이었음을 알게 된다면, 이 얼마나 비통한 일인가.

이 글을 읽는 여러분은 이번 생을 후회하지 않기를 바라며….

베이징대 심리학 교수,
심리 컬럼니스트 우즈훙武志紅

서둘렀던 달리기를 멈추고
천천히 감정을 돌아볼 시간

나는 여러분께 묻고 싶다. 지금 어떠한 내적 경험을 하고 있는가? 깊게 심호흡하며 긴장을 풀고 떠오르는 감정을 그대로 받아들이자. 이 과정에서 불안이나 무기력함을 느낄 수도 있고, 충만함이나 만족감, 평온함을 느낄 수도 있다. 현재에 천천히 그리고 느리게 집중하다 보면 자신의 힘이 점점 차오르고 있음을 느낄 것이다.

'느림'은 자기 자신을 관찰할 기회를 주고 그동안 외면당했던 감정들이 떠오를 수 있는 공간을 마련해준다. 이런 면에서 템포를 늦춘다는 것은 아주 중요하다.

남의 비위를 맞추는 사람은 언제나 부지런히 달리는 것처럼 보인다. 그들은 자신이 어디로 가는지도 모른 채 하염없이 달리기만 한

18

다. 정신없이 바쁜 삶에 모든 에너지를 쏟으면 진정으로 감정을 마주할 공간이 없어진다.

문제는 우리가 감정을 못 본 체한다 해도 감정이 사라지지 않는다는 것이다. 감정은 관심받기 위해 부단히 힘을 기르고 끊임없이 호소한다. 이러한 노력에도 계속 외면당하면 감정은 더욱 축적되고 발효되다가 역방향의 힘으로 변모하고 어떤 특정 순간에 폭발하고 만다. 이러한 상황을 막기 위해서는 내면에 감정들이 존재할 수 있는 공간을 충분히 만들어주어야 한다.

남의 비위를 맞추는 행동의 뒤에는 억눌린 공포, 슬픔과 분노가 쌓여 있다. 이에 우즈홍 선생님은 말했다.

"이러한 감정을 인지하고 관리하며 허용하면 이는 부드럽고 유동적인 하얀 생명력으로 다시 태어나 새로운 창조력으로 발전할 것이다. 반면 이러한 감정을 외면하면, 이는 경직되고 정체되어 검은 생명력으로 변모하고 공격적인 행동으로 전개될 것이다."

자신의 감정에 깊이 다가가는 것은 치유의 첫걸음이다. 우리가 감정을 마주하는 순간 치유의 공간이 생겨나기 때문이다.

이 책의 1부에서는 남의 비위를 맞추는 성향과 관련된 5가지 감정적 경험에 대해 다루었다. 우리는 깊이 있고 자세한 설명과 사례

분석을 통해 **감정의 5가지 차원**을 이해했다. 이는 **불안과 공포, 수치심과 억울함, 분노와 죄책감, 슬픔과 무력함, 고독과 공허함**으로 나뉜다.

이렇게 5가지로 분류된 감정은 남의 비위를 맞추는 성향을 지닌 사람들을 종합적으로 분석한 결과이며, 그들에게 있어 가장 아프고, 가장 괴로운 감정이기도 하다.

만약 지난날 **그들이 궁지에 몰리거나 길을 잃고 좌절했을 때, 누군가 다가와 "난 당신을 이해해요"라고 한 마디만 해줬어도 그들은 세상에 아직 희망이 있다고 생각하며 큰 위안을 받았을 것이다.**

아무도 이해해주지 않으면 연결이 단절되고 한없이 외로워진다. 그리고 늘 아팠지만 말로 표현하지 못했던 감정들도 관심을 끌기 위해 불안하게 떠다니기 시작한다.

이 책의 2부에서는 공포, 수치심, 죄책감, 무력감 및 공허함과 관련된 **5가지 사고 논리**를 살펴보았다.

두려움: 순응, 순종과 직결된다
"나는 네가 두려워. 네가 나로 말미암아 기뻐해야 나는 사랑할 수도 있고, 안전하다고 느낄 수도 있어."

수치심: 진입, 회피와 직결된다

"나는 너에게 가까이 다가갈 수 없어. 내가 가까이 다가가면 너는 나를 싫어할 게 분명해. 그렇다고 너에게서 멀어지면 나는 가치 없는 사람이 되겠지."

죄책감: 헌신, 보상과 직결된다

"나는 네게 상처를 주었어. 대신 내가 헌신하면 너는 나를 다시 사랑해주겠지? 내가 너에게 보상해 주면 너는 나를 좋아할 거야."

무력감: 상실, 획득과 직결된다

"나는 절대 거절할 수 없어. 내가 너를 거절하면 나는 버려지고 말테니까."

공허함: 존재, 상실과 직결된다

"나는 너 없이는 안 돼. 우리가 떨어지지만 않는다면, 나는 영원히 외롭지 않을 거야."

나는 이 부분을 언급하면서 환상과 그로 말미암은 행동에 대해서도 자세히 다루었다. 이를 이해하면 나와 타인의 관계 패턴에서 내가 어떤 역할을 하는지 파악할 수 있기 때문이다.

환상에 대해 짚고 넘어가자면, 이는 좋고 나쁨으로 정의할 수 없는 인간 심리 발달의 내적 구조이다. 환상은 매혹적이면서도 고집스러워서 사람들은 이를 추종하기도 하고 증오하기도 한다. 부모님이 원하는 대로만 하면 사랑을 받을 수 있다는 환상에 빠진 아이들은 환상을 추종한다고 볼 수 있고, 점차 성장하면서 이것이 정답이 아님을 깨닫게 되면 환상을 증오하는 편에 서게 된다.

하지만 깨닫는다고 해서 우리의 행동 패턴이 순식간에 바뀌는 것은 아니다. 깨달음은 단지 변화의 시작을 알리는 것이기에 지속적인 성장이 필요하다. 부모의 사랑은 내 선에서 통제할 수 없다. 물론 부모님이 나를 충분히 사랑해 준다면 더할 나위 없이 좋겠지만, 그 사랑이 내 기대에 못 미치거나 심지어 사랑하지 않는다면 어떻게 해야 할까? 그렇다고 해도 다른 방법이 없는 것은 아니다.

우리는 3부의 '변화와 치유'를 통해 그 해답을 얻을 수 있다. 나는 이를 '역량 편'이라 이름 붙이고 나의 견해와 방법 및 격려와 응원의 말을 담았다.

특히 7가지 힘에 대해 언급했는데 이는 **결정의 힘, 방법의 힘, 경계의 힘, 사랑과 지지의 힘, 동행의 힘, 애도의 힘, 뿌리 내리는 힘**으로 나뉜다. 이러한 힘은 안정적이고 균형 잡힌 자아를 만드는 데 큰 도움을 준다.

　남의 비위를 맞추는 사람이 남에게 의존적인 경향을 보이는 이유는 자신의 힘이 부족해서이다. 그러므로 무엇보다 자기 자신의 힘을 키우는 것이 선행되어야 한다. 하지만 기존의 패턴에 익숙해진 상태에서 새로운 패턴으로 갑자기 바꾸기는 쉽지 않기 때문에 일련의 과정과 노력이 필요하다.

　먼저 심리적인 준비를 위해서는 '결정과 방법의 힘'을 키워야 한다. 확고한 결심 없이 시작하면 모든 것은 허울뿐인 말에 그치고 만다. 결심은 마치 명확한 목표처럼 우리에게 방향과 희망을 보여준다. 그런데 만약 남의 비위를 맞추는 사람이 누군가를 변화시키는 것을 자신의 목표로 삼는다면 결과적으로 크게 실망할 것이다. 이처럼 올바른 방향 설정은 매우 중요하고 필수적이다.

　'경계의 힘'은 남의 비위를 맞추는 사람이 자신과 타인, 자신과 외부 세계의 경계를 구분 지을 수 있게 도와준다. 이것은 매우 중요하다. 뚜렷한 경계 없이는 자신만의 '왕국'을 구축할 수 없기 때문이다. 우리는 자신의 경계와 타인의 경계가 어디인지를 정확히 인지하고, 이 경계를 지키며 타인과 상호 작용하는 법을 터득해야 한다.

　'지지와 동행의 힘'은 '사랑의 힘'과 관련 있다. 이는 매우 부드럽고 관대하며 깊은 인내심을 가진 역량이다. 나는 여러분이 자기 자신을 이해하는 것 외에도 다른 관계를 발전시켜 더 많은 연결 통로를 만들기를 바란다. 주변의 자원에서 도움과 지지를 받으면 더 큰 에너지를 느낄 수 있을 것이다.

'애도와 뿌리 내림의 힘'은 '창조의 힘'과 관련 있다. 모든 상실은 우리를 슬프게 한다. 기나긴 인생의 여정에서 우리는 크고 작은 상실을 경험하지만 그때마다 상실을 쉽사리 떠나보내지 못하고 연연해 하곤 한다. 상실은 또 다른 생명의 창조임을 기억하자. 깊이 애도하고 하소연하며 자신의 마음을 표현하다 보면 얽매여 있던 슬픔에서 벗어나 현재로 돌아올 수 있다.

현재에 뿌리내리고 싹을 틔우면 우리의 삶은 무성한 가지를 뻗어 나가게 될 것이다. 이처럼 끊임없는 창조의 순간들 속에서 우리는 위험에 맞설 능력을 갖추고 더 많은 삶의 가능성을 창출하게 된다.

저자 황위링

차례

감정 편
다섯가지 감정을 바라보다,
그리고 인정하다

1부

사고思考 편
관계의 5가지
논리에 대한 고찰

역량 편
자아의 변화와 치유,
안정적인 성장을 위한 7가지 솔루션

1부

감정 편 :
다섯가지 감정을 바라보다,
그리고 인정하다

이해 :
깊이 인정하는 것

사람들은 저마다 마음속에 '판도라의 상자'를 갖고 있다. 이는 언급해서는 안 되는 금기이자, 일부러 외면하면서도 간절히 치유받고자 하는 모순된 과제이기도 하다. 자신의 마음속에 자리 잡은 상처, 결여, 동기를 찬찬히 들여다본다면 자신을 깊이 이해하게 되는 길이 열리면서 상처도 자연스레 치유될 것이다.

하나. 나의 '노력'을 인정하기

열심히 노력했지만 원하는 목표를 달성하지 못했거나, 노력 대비 제대로 된 성과를 이루지 못했던 적이 있는가?

아마도 '실망', '절망', '나약함'이라는 단어가 가장 자주 등장했던 시기였을 것이다. 이때 대부분의 사람은 눈앞의 절망적인 상황에

'타협'하거나 '적응'하지 못하고 이내 우울감에 빠지곤 한다.

우리는 모두 마음속에 자신만의 소중한 꿈을 갖고 있다. 그런데 문제는 많은 사람이 그 꿈을 향해 나아가는 과정에서 쉽게 방향성을 잃어버린다는 것이다. 자기 자신을 꿈을 달성하는 데 필요한 '도구'로 삼고 최고의 성과를 내도록 엄격한 잣대를 들이민다.

자신에게 엄격한 것은 자신을 공격하는 것과 같다. 자신이 가장 강하고 완벽한 사람이어야 한다는 마음에 사로잡혀 뭔가를 제대로 이루지 못하면 스스로를 비난하고 채찍질한다.

여기서 크게 간과된 한 가지는 '나는 이미 충분히 노력했고, 최선을 다했다'는 것이다. 하지만 우리는 그저 결과만을 보고 자신의 노력은 빠르게 잊어버린다.

사람들의 내면에는 강한 면과 나약한 면이 공존한다. 그런데 강한 면은 나약한 면을 별로 좋아하지 않고 심지어 배척하기도 한다. 강한 면은 내면의 나약함을 가혹하게 비난하며, 그것을 빨리 변화시키거나 '제거'하려고 애쓴다. 물론 나약한 면 또한 끊임없이 노력하지만 늘 기준에 도달하지 못하고 변화 또한 쉽지 않다.

우리 내면의 이 같은 이중성은 시시때때로 서로 다른 자신의 모습에 실망하고 부딪치는, 그야말로 상극이라고 할 수 있다. 이런 갈등을 제대로 바라보지 못하면, 자신에게 더 높은 잣대를 들이밀게 된다. 스스로를 아주 형편없다고 여기며 훨씬 더 노력해야 한다고 다그치고, 높디높은 기준에 부합하기 위해서 악착같이 매달리며 자신을 마치 감정도, 생각도, 요구도 없는 기계처럼 다룬다. 오늘 어렵사리 목표를 이루었다고 해도 내일은 더 높은 목표를 들이밀 것이다. 이렇게 목표는 끊임없이 새롭게 만들어지고, 영원히 닿을 수도 없는 존재가 되어버린다.

심리학자 카렌 호니Karen Horney는 "성공과 완벽을 지나치게 추구하다 보면 강박관념에 사로잡힌다. '무조건 해야 하는 것'과 '절대 해서는 안 되는 것'이라는 O, X 깃발을 들고 자신의 한계치를 과하게 설정하여 끊임없이 자아 초월을 추구한다"라고 말했다.

이러한 강박 속에서 살아남는 법을 터득한 사람들은 스스로 인생을 잘살고 있다고 만족할 수도 있겠지만, '자기 발전'이라는 전투에서 수차례 밀려나기만 하는 사람들은 자신을 마치 패잔병처럼 여기며 자신의 삶이 무의미하다고 생각한다.

혹시 당신은 자주 우울감이나 무기력증에 빠진다거나 삶의 즐거움을 찾지 못하고 사소한 일에 쉽게 화를 내곤 하는가? 그렇다면 자신이 그 강박 속에서 얼마나 오래 버틸 수 있는 사람인지, 자신의 생명에 어떤 의미가 있는지, 그리고 왜 살아야 하는지에 대한 본질적인 문제를 다시 생각해 볼 필요가 있다.

자기 자신을 하나의 소중한 인격체로 바라본다면 자신이 겪고 있는 고통을 이해하고, 날카로운 비난이 아닌 더욱 관대한 마음으로 스스로를 대면하게 될 것이다.

둘. 나의 '용기'를 인정하기

수많은 감정에 사로잡히면 마치 거대한 소용돌이에 휩쓸리는 듯한 극심한 고통을 느끼게 된다.

현실 직면과 감정 소모에 두려움을 느끼는 사람들은 자신의 고통을 선택적으로 외면한다. 내면에서는 부정, 억제, 감정적 격리와 같은 심리적 방어 기제가 자신의 기분과 감정을 의식적으로 분리시키고, 외부적으로는 자신의 고통을 묵살해야 하는 수많은 이유를 찾아내기도 한다. 예를 들어 고통을 언급하는 것 자체를 금기시하는 것처럼 말이다.

내 강의를 여러 차례 수강했던 한 학생이 이렇게 말한 적이 있다. 가족 중 한 사람이 어떤 이유로 젊은 나이에 세상을 떠났는데, 그 후 유가족들은 가족을 잃은 슬픔을 서로 언급하는 것을 상서롭지 못하다고 여기며 이를 금기시한다고 했다.

이러한 비과학적인 신념은 때로 강력한 영향력을 일으킨다. 혹여나 가족에게 일말의 해를 입히지는 않을까 두려워 사람들은 차라리 고통을 마음속 깊이 묻어 두기로 결심하곤 한다.

이렇게 마음속에 묻힌 채 정리되지 않은 고통은 무의식 세계에 그대로 존재한다. 이는 심리적인 불안이나 불면증을 야기할 뿐 아니라, 마음속에 뿌리를 내려 한 사람의 인생을 야금야금 갉아먹으며 부단히 자신의 존재를 알린다.

지그문트 프로이트의 딸이자 심리학자인 안나 프로이트Anna Freud
는 '현실 부정'이라는 방어 기제의 개념을 제시했다. 이는 현실을
직접적으로 거부하고 특정 사실을 인식하지 않도록 막는다. 즉, 대
처하기 어려운 일이 발생했을 때 그 사실을 인지하거나 인정하지
않으려고 하는 것이다. 이러한 심리 방어 기제는 우리의 일상생활
에서 자주 발현된다. 사람들이 고통을 겪을 때 이 방어 기제가 자
연스럽게 작동하기 때문이다. '현실 부정'은 현재 상황에서 더 강한
충격을 받는 것을 피하기 위함이지만, 계속 그 상태에 머무른다면
마치 환상에 빠진 것처럼 실제 현실을 영원히 대면하지 못하게 될
것이다.

부의식적으로 아무리 부정한다고 해도 사실은 사실임을 명심하
자. 약간의 심리적 공간이 생겼을 때 고개를 똑바로 들고 현실을 직
면하도록 해 보자. 직면한다는 것은 '똑바로 보는 것'이다. 보지 않
으려고 하면 이 장애물을 영원히 넘을 수 없다.

성장은 늘 고통을 수반한다. 이러한 고통은 마음속에 품어왔던
환상이나 가치관, 신념의 붕괴, 가혹한 현실과의 대면 및 온갖 불확
실성으로 말미암은 불안함 등이 있다. 이는 불가피하게 우리 내면
의 감정을 자극한다. 하지만 이러한 감정을 용기 있게 바라보며 부
정적인 감정의 소용돌이에 빠지는 위험을 기꺼이 감수하고 감정의
강을 한 발 한 발 건너는 사람들도 많다. 이는 과연 그들이 두려움

을 느끼지 않아서일까?

물론 아니다. 그들도 두려움을 느끼지만, 그것이 그들의 전진을 멈추게 하지는 않는다. 그들은 두려움을 안고도 앞으로 나아가며 삶의 성장과 자유에 대한 의지를 표출한다.

심리학자 카를 구스타프 융Carl Gustav Jung은 "인간은 지속적인 성장을 거쳐 유일무이한 인격체로 성장하게 된다. 이 성장 과정은 종합적이고 불가분한 특징을 띠면서도 타인과는 확연히 구별된다"라고 말했다.

나는 여러분 또한 이 같은 힘을 갖고 있다고 확신한다. 최소한 더 나은 삶을 포기하지 않았고, 앞날이 막막하다는 것을 알면서도 전진을 선택했기 때문이다.

자기 자신을 믿는다면, 내면의 무의식은 나의 손을 잡고 막막한 어둠을 지나 새벽을 찾아갈 것이다!

셋. 나의 '무능함'을 인정하기

사람들은 분노나 불안감은 자주 느끼지만, 무능함을 느끼는 경우는 상대적으로 많지 않다.

사실 사람의 궁극적인 분노는 자기 자신을 향하는 것으로, 이는 자신의 무능함에 대한 분노라고 볼 수 있다.

물론 현실 세계에서 버텨내고 성장하기 위해서는 어느 정도의 자기애가 필요하지만, 한 가지 중요한 사실이 있다. **세상에는 내가 아무리 노력해도 해결할 수 없는 능력 밖의 일들이 많다는 것이다.**

예를 들어 지나간 일분일초는 돌이킬 수 없고 다시 시작할 수도 없다. 또 다른 예로 자녀가 어떤 일로 울고 불며 소리를 지르고 있다고 생각해 보자. 모든 방법을 동원했지만, 아이의 화를 잠재우기는커녕 여전히 통제 불능의 상황이라면, 아마도 우리는 아이에게 두 손 두 발 들며 '항복'하고 말 것이다.

카렌 호니는 자신이 할 수 있는 것이 아무것도 없다고 느끼면 내면이 나약해지고 자괴감에 빠지게 되며, 이로 말미암아 수치심과 공포를 느낀다고 말했다. 이러한 나약함과 자괴감에 대한 공포에 저항하기 위해 사람들은 '보복석 승리'를 좇기도 한다. 더구나 갈수록 과열되는 경쟁 사회는 남에게 인정받고자 하는 욕구를 부추기고 이로 말미암아 나만의 이너피스Innerpeace를 찾는 길은 더욱 요원해진다.

습관적으로 남의 비위를 맞추는 사람은 언제나 다른 사람의 기분을 살피고 반성하며 끊임없이 다른 방법을 찾는다. 그런데도 여전히 구렁텅이에서 헤어 나오지 못하는 자신을 보며 스스로를 질책하고 자신의 무능함을 원망한다. 다른 사람을 기분 좋게 해주고 싶은데 자신의 능력이 부족하다고 자책하기도 한다. 이는 자신의 무능함에 대한 공포에서 비롯된 것이라고 볼 수 있다. 자기 자신의 무능함에 대한 분노는 통제 불능에 대한 두려움을 반영한다.

두려움을 다스릴 수 있다면 굳이 남의 비위를 맞출 필요가 있겠는가.

어떤 사람들은 헤어진 연인의 소셜미디어를 끊임없이 확인한다. 두 사람이 화해하고 다시 만난다고 해도 이 만남이 결국 자신 또는 서로에게 상처가 될 것을 잘 알면서도 상대에 대한 그리움을 억누르지 못하는 것이다. 여기서 '억누를 수 없다'는 것은 그리움이라는 고통에 대한 무력함을 의미한다.

우리는 반드시 이러한 감정들을 제대로 직시해야 한다. 만약 그 감정들을 선택적으로 외면한다면 진정한 안정감을 찾을 수 없을 뿐 아니라, 진정한 내면의 힘도 길러내지 못한다.

진정한 자아로 성장한다는 것은 내가 자신에게 원하는 것과 타인에게 원하는 것이 무엇인지를 명확히 파악하고, 타인을 잃을 두려움 또한 받아들이는 것이다. 이렇게 해야만 내면의 힘을 되찾을 수 있음을 명심하자.

넷. 나의 '희망과 사랑'을 인정하기

혹시나 여러분이 아직도 자신을 엄격하게 대하고 있다면 일단 축하한다. 적어도 이는 자신에게 희망을 품고 있다는 뜻이기 때문이다. 하지만 자신에게 지나치게 엄격한 잣대를 들이민다는 것은 스스로를 상처 입히며 자신의 희망을 짓밟는 것과 같다.

지난날을 돌아보면 우리는 무언가를 향한 희망과 의지를 갖고 한 걸음 한 걸음씩 내딛어왔다. 남의 비위를 맞추는 행동 역시 이를 통해 지키고 싶은 것, 자신이 더 중요하게 생각하는 것이 있기 때문이다. 이것이 바로 우리가 유심히 살펴봐야 할 부분이다.

지금부터 다양한 사례들을 보면서 이에 대한 나의 견해를 나눠볼까 한다. 그 사례들 속에서 당사자의 고충뿐 아니라 그들의 용기도 보게 될 것이다. 모든 행동 속에는 원하는 바가 있기 때문이다.

나를 찾아와 심리 상담을 받는 사람들의 공통점이 있다. 그들 모두 사랑을 받고 싶어 하고, 사랑을 주고 싶어 한다는 것이다.

나는 그 사람들뿐만 아니라 세상 모든 이의 내면에는 사랑, 공감, 관심을 받고 싶어 하는 마음이 있다고 생각한다.

우즈훙 박사는 이렇게 말했다.

"자아 성장과 진정한 사랑은 거울처럼 언제나 서로를 비춘다. 자아가 발전할수록 사랑할 줄 아는 힘이 강해지고, 이 힘이 쌓이면 자아 발전에 더욱 속도가 붙는다."

그리고 이 모든 것은 사랑에 관해 불완전하고 유동적이며 성장하는 중인 자기 자신에게서 시작된다.

자신의 내면을 바라보고 나의 고통을 공감하는 것은 자기 자신을 사랑하는 방법이다. 자신을 긍정적으로 바라보며 부족함을 인정하고 포용하는 것, 성장 과정에 있는 자신의 모습을 이해하고 노력과 의지뿐 아니라 한계와 취약함까지 받아들이는 것 또한 자기 자신을 사랑하는 것이다.

사람은 변하지 않을 수 없다. 사회가 변화하고, 나이가 들며, 경험이 쌓이면서 모든 사람은 변화를 겪는다. 변해가는 자신을 사랑할 줄 아는 사람이 타인에게 더욱 깊고 안정적인 사랑을 줄 수 있으며, 이는 사랑을 주고받는 관계를 더욱 안정적으로 유지하는 데 밑거름이 된다.

이러한 마음가짐과 내적인 생명력을 바탕으로 더욱 존중받는 삶, 사랑과 희망으로 가득한 삶을 살게 될 것이다.

자, 그럼 지금부터 우리 함께 마음의 여행을 떠나보자. 준비되었다면 출발하자!

내면의 쉼표를 찾는 여정

• 준비물 : 펜과 노트

• 소요 시간 : 15~30분

연습 활동은 글쓰기 치료가 병행되므로 펜과 노트가 필요하다. 활동 중간에 몇 가지 글을 작성할 수 있도록 전용 노트를 미리 준비하는 것이 좋다.

나는 이 책을 도구로 사용할 것을 추천한다. 시간이 될 때마다 매일 한 챕터씩 읽은 다음 해당하는 연습 활동을 함께 진행하면 더 높은 치유 효과를 볼 것이다. 책 전체를 읽고 연습하는 것까지 대략 한 달 정도의 시간이 소요될 것이다.

이 연습에서는 무엇보다 안전이 가장 중요하다. 언제든지 불편하다고 느낄 때는 잠시 멈추고 나의 상태를 점검해야 한다. 계속 진행할 수 있는지 확인해 보고 그렇지 않다면 연습을 중단하고 다시 시작할 준비가 될 때까지 기다려 보자. 또는 앞으로 소개할 '내면의 안전 기지'로 들어가 정신적 에너지를 충전하고 충분히 진정된 후에 다시 감정체험을 시작하는 것도 좋다. 서두를 필요 없다. 여유를 두고 천천히 하는 것이 가장 빠른 길이다.

이 연습 활동을 하고자 하는 독자들은 먼저 '내면의 안전 기지' 연습을 하길 바란다. 이 연습은 수시로 해도 좋고 글쓰기 과정에서 불편한 감정이 느껴지거나 휴식과 진정이 필요할 때 언제든지 진행하면 된다.

먼저 15~30분 동안 방해받지 않는 시간을 준비하자. 이 시간은 오롯이 나만을 위한 소중한 시간이다. 여러분은 충분히 그럴만한 가치가 있다.

- 조용한 장소를 찾아 편안한 자세를 유지하자. 앉아도 되고 원한다면 누워도 상관없다. 깊게 심호흡하며 천천히 몸을 이완해 보자. 눈을 감고 의식적으로 숨을 더 깊고 길게 들이마시고 내쉰다. 최대한 깊게 들이마시고 내쉬고를 천천히 반복한다. 들이마시기— 내쉬기—

- 계속 심호흡하며 공기가 자신의 비강과 인강을 지나가는 느낌, 흉복부가 팽창하고 수축하는 느낌에 집중해 보자.

- 호흡이 부드럽고 편안해지면서 점차 몸 전체가 이완되고 가벼워질 것이다. 이제 자신의 의식을 번민으로 가득한 외부에서 내면으로 천천히 옮겨보자. 아직 끝내지 못한 일들에 대한 걱정을 잠시 내려놓고 나라는 존재와 평온하게 마주한다.

- 이제 자신의 내면에서 가장 안전한 곳을 찾아보자. 이곳은 매우 편안하고 안락하며 신뢰를 느끼게 하는 곳이며, 나 자신만 들어갈 수 있고 원하면 언제든지 떠날 수도 있다.

- 만약 안전한 곳을 잘 찾았다면 이곳이 어떤 곳인지 살펴보자. 이곳을 원하는 대로 꾸밀 수 있고 나에게 에너지와 활력을 줄 수 있는 소중한 물건들로 채울 수도 있다. 소중한 물건들은 처음부터 끝까지 당신과 함께 할 것이다.

- 앞으로 이곳을 '내면의 안전 기지'라고 부르자. 만약 안전 기지를 찾는 과정에서 불편한 이미지나 감정이 나타난다면 그것의 존재를 그대로 받아들이면서 목표에 집중하라. 평온함과 안락함, 안전함을 느끼게 해주며 나에게 힘을 실어주는

곳을 찾기만 하면 된다.

• 내면의 안전 기지를 빠르게 찾는 사람도 있겠지만 더 많은 시간이 필요한 사람도 있을 것이다. 둘 다 상관없다. 안전 기지를 찾아 그곳과 연결되었다면 그 존재를 느끼는 시간을 가져보자. 그곳에서 당신은 뭐든 하고 싶은 일을 하면서 에너지와 활력을 얻을 수 있다.

• 안전 기지가 충분하다고 느꼈다면 몸으로 특별한 동작을 하나 만들어보자. 이 동작을 하면 언제든지 안전 기지로 돌아갈 수 있다.

• 동작을 멈추고 평온한 마음으로 천천히 눈을 뜨면 다시 본래의 공간, 현실 세계로 돌아오게 된다.

앞으로의 연습 과정 중에서 어려움이나 고통을 겪을 때, 이 동작을 통해 내면의 안전 기지로 들어간다면 다시 안정과 평온을 느낄 수 있을 것이다.

이제 나만의 안전 기지에서 그 어느 때보다 안전하다는 느낌을 받으며 자신에게 편지를 쓸 차례다. 앞으로 한 달 동안 어떻게 자기 자신을 소중히 대할 것인지 써보자. 이는 치유를 위한 첫 번째 의식이자 자신에 대한 비전과 약속이다.

마음의 여유를 갖고 진심을 다해 한 줄 한 줄 써 내려가자.

글을 잘 쓰든 못쓰든 상관없고 글의 분량도 정해져 있지 않다. 그저 물 흐르듯 마음의 목소리를 흘러나오게 하면 된다. 다 작성한 후에 그 편지를 천천히 읽어보자.

공포와 불안:
과장된 죽음의 공포

02

남의 비위를 맞추는 사람은 늘 불안하다.

불안은 어떤 느낌일까? 가슴이 두근거리고 안절부절못하며, 매사에 긴장하고 성급하게 행동한다. 마치 뜨거운 냄비 위에 올라간 개미처럼 참을 수 없는 초조함을 느끼며, 그 상황에서 도망치고 싶어한다. 물론 인간은 살아 있는 한 불안을 느끼기 마련이다.

특히 불안에 취약한 사람들은 일상 속에서 부딪히는 크고 작은 시련들 앞에서 늘 불안에 떨고, 심한 사람은 죽음의 위협까지 느끼곤 한다.

독일 출신의 정신분석학자인 카렌 호니는 "인간의 기본적인 불안은 안전감의 부족에서 기인한다"라고 말했다. 사람들은 현재 상황이 안전하다고 느끼지 않으면 어떻게든 다른 방법을 찾아서 안전감의 결여로 말미암은 고통을 완화하려고 한다. 이런 점에서 볼 때, **늘 불안에 시달리는 사람들은 미래에 살고 있다고 해도 과언이 아니다. 그들의 현재 임무는 오로지 앞날의 걱정뿐이기 때문이다.**

그들은 미래에 대한 불안감에 사로잡혀 눈앞의 경치를 놓치게 된다. 설사 본인도 이 사실을 알고 있다고 해도 늘 현실에서 도망치고 싶어 한다. 현재에 머물기란 그들에게 너무도 불안하고 고통스러운 일이기 때문이다.

한 여성이 이렇게 말했다. "저는 상사 앞에만 서면 극도로 긴장해요. 아침에 상사가 기분이 좋아서 저에게 웃어주면 안심이 되지만, 조금이라도 얼굴을 찌푸리면 전 마치 가시방석에 앉아 있는 것처럼 안절부절못하기 시작하죠. 그리고 어제 무슨 일이 있었는지 하나하나 되짚어 봐요. 혹시 내가 일을 제대로 못했거나 실수를 해서 나 때문에 상사가 화났을 수도 있잖아요."

그녀는 상사가 기분이 좋지 않을 때마다 그 원인을 재빨리 파악해서 최대한 빠르게 대처하여 상사의 호감을 얻고자 했다.

누구나 짐작하겠지만 과도한 불안과 걱정은 집중력을 방해하여 업무적으로 잦은 실수를 초래한다. 실수를 하면 이를 만회해야 한다는 부담감에 더욱 긴장하게 되고 결과적으로 상황은 더욱 나빠진다. 그 여성은 마음의 안정을 찾으려고 누구보다 열심히 일했지만 실상은 걱정 속에 파묻혀 살고 있었던 것이다.

모든 사람은 불안을 경험한다. 일반적인 불안은 이성적인 이해를 통해 해소될 수 있다. 예를 들어 어떤 사람이 한동안 컨디션이 좋지 않아 혹시 큰 병에 걸리지는 않았을까 하는 걱정을 안고 병원에 갔다고 생각해 보자. 검사 결과, 큰 문제가 없었고, 규칙적인 식사와 충분한 수면, 운동과 같은 건강한 생활 습관을 유지하라는 소견을 받았다.

대부분의 사람은 이 같은 결과를 받으면 더 이상 불안해하지 않고 앞으로 자신을 더 잘 돌봐야겠다고 다짐한다. 그런데 왜 어떤 사람들은 검사 결과가 정상이라는 것을 알고 나서도 여전히 불안에 떨며 의심과 공포에 시달릴까?

이성적으로 분석한 것을 내면에서 받아들이길 거부한다면 이는 자신의 더 깊은 내면에 의식하지 못하고 감춰진 무언가가 있다는 뜻이다.

나는 상사의 눈치를 보는 그 여성에게 물었다.

"이렇게 긴장하고 있는 당신은 마치 전쟁터에 나간 사람 같아요. 당신도 그렇게 느끼나요?"

그녀가 대답했다. "네, 그런 느낌이 들긴 해요."

나는 다시 물었다. "만약 이것이 전쟁이라면 적군과 대치해야 하는 무척 위험한 상황이겠네요. 그렇다면 상사는 당신에게 큰 위험을 줄 만한 사람인가요?"

그녀가 다시 말을 이었다. "객관적으로 보면 그렇게 무서운 사람은 아니에요. 물론 저에게 해를 끼치지도 않을 거고요. 그런데 저는 상사의 얼굴을 보기만 해도 갑자기 얼어버리고 마치 무서운 사람을 보는 것처럼 경계하게 돼요. 사실 저는 회사에서 상사뿐만 아니라 다른 동료들에게도 두려움을 느껴요. 다른 사람들에게 잘 보이려고 언제나 많은 일을 도맡아서 하곤 하죠."

죽음까지 이르게 하는 극한의 공포

사람을 불안하게 만드는 근본적인 원인은 두려움이다. 두려움이 커질수록 불안도 강해진다.

언제나 남의 비위를 맞추려고 하는 사람은 왜 공포를 느낄까? 그것은 힘의 불균형 때문이다.

자신은 나약하고 무능하지만, 상대는 늘 강하고 자신보다 높은 지위에 있다고 생각한다. 그들의 마음속에는 한 어린아이가 두려움에 떨고 있다. 남의 비위를 맞추는 데 극도로 신경을 쓰는 사람의 내면에는 극도의 두려움을 느끼는 아이가 있는 것이다. 그들은 이 아이를 보호하기 위해 실낱같은 희망이라도 보이면 절대 놓지 않고 온 에너지를 쏟는다.

두려움을 좀 더 구체적으로 표현하자면 '내가 비위를 맞추지 않으면 상대는 나를 벌하거나 괴롭힐 것이고, 심하면 보복할 수도 있어'라는 불안함을 느끼는 것이다. 그리고 때로는 말로 표현하기 어

려운 두려움도 있다. 이는 한 차원 높은 수준의 두려움이며 영향력
또한 커서 불안감이 더욱 증폭된다.

어떤 불안은 상사를 두려워하는 그 여성처럼 겉으로 그대로 드러
난다. 그리고 어떤 불안은 신체적 증상으로 나타나기도 하는데 이
는 두려움에 대한 반응으로 볼 수 있다.

또 다른 여성이 자신이 꿈에서 경험했던 두려움을 이야기했다.
꿈속에서 그녀는 정신없이 도망치고 있었고 뒤에서 검은 가면을 쓴
'귀신'이 그녀를 쫓아오고 있었다. 끔찍하게도 그 귀신은 손에 커다
란 가위를 들고 있었다. 한참을 도망친 끝에 막다른 길에 몰리자 귀
신은 그녀의 목에 가위를 들이댔다. 그 순간 섬뜩한 죽음의 공포를
느낀 그녀는 놀라 잠에서 깨어났다.

그 무렵 그 여성은 자신이 원하는 직장으로 옮기고자 했지만 부
모님의 반대에 부딪혀 이직을 포기한 상황이었다. 그녀는 부모님이
반대하자 이직하고 싶다는 생각마저 불효처럼 느껴졌고 부모님의
말을 듣지 않으면 나쁜 사람이 된다고 생각했다.

나는 그 여성의 이야기를 듣고 적잖이 놀랐다. 처음에 그녀는 매
우 침착해 보였기에 내면의 격렬한 동요를 전혀 눈치챌 수 없었다.
그런데 꿈 이야기를 듣고 나니 부모님의 말씀을 거스르는 행동에
대해 그녀가 체감하는 공포가 여실히 드러났다. 꿈속의 그녀는 죽
음에 거의 근접해 있었다.

거의 모든 공포는 궁극적으로 한 가지 방향, 즉 죽음을 가리킨다. 그러나 이 부분까지 경험하는 사람은 그리 많지 않다.

그 여성처럼 의식적으로는 공포를 느끼지 않아도 끔찍하게 무서운 악몽을 꾸기도 한다. 대부분의 사람은 무의식적으로 죽음이라는 공포에 방어태세를 보인다.

공포가 실제로 드러나면 자아가 무너질 수도 있기 때문에 인간은 무의식 속에서 죽음과 관련된 모든 것을 철저히 방어하려고 한다.

그래서 무의식은 공포를 곁에 묶어 두고 철저히 관리한다. 즉, 죽음의 공포는 무의식의 가장 깊은 곳에 봉인되어 있다. 이러한 이유로 사람들은 때로 자신도 이해할 수 없는 행동을 하곤 한다. 무의식적으로 남의 비위를 맞추는 것처럼 말이다.

자신은 분명 공포를 느끼지만 이를 묵인하고 상대의 눈치를 보는 데 온갖 에너지를 쏟는다. 상대를 만족시키면 자신의 공포가 해소되리라 생각해서일까. 습관적으로 남의 비위를 맞추는 사람들은 이 과정에서 어떤 생각조차 거치지 않고 자동반사적으로 반응한다.

공포는 마치 꼭두각시를 조종하는 손길처럼 불필요한 상황에서도 언제나 상대가 만족할 수 있는 일을 하라고 다그친다.

그런데 이런 의문도 든다. 공포를 줄이기 위해 남의 비위를 맞추는데 왜 여전히 많은 사람이 고통 받고 있는 걸까?

우리는 여기서 공포 해소가 최종 목표가 아님을 알 수 있다. 남의 비위를 맞추는 행동으로 공포가 감소하는 것은 단지 일시적인 현상일 뿐이다.

남의 비위를 맞추는 사람은 기분 좋은 상사, 기뻐하는 가족을 보면 공포가 줄어드는 느낌을 받는다. 사람의 기분은 오르내림을 반복하기 마련이기에 상대의 표정이 조금만 변해도 그들의 마음속에는 경고음이 요란하게 울린다. 그리고 마치 급한 불을 끄는 임무를 맡은 사람처럼 이를 해결하려고 안간힘을 쓴다.

그러다 경고음이 꺼지면 공포는 원래 수준으로 돌아온다. 하지만 그들은 이에 그치지 않고 보초 근무를 서듯이 늘 촉각을 곤두세우고 있다가 이상 상황이 발견되는 즉시 다시 경보를 울린다. 이런 상황이 오랫동안 지속되면 불필요한 에너지를 과다하게 소모하게 되어 점차 내면은 힘을 잃어가고 대응도 둔해진다.

습관적으로 남의 비위를 맞추는 사람은 보통 예민한 성향을 갖고 있으며, 각종 외부 상황에 대한 심리 반응의 역치(생물이 자극에 대해 어떤 반응을 일으키는 데 필요한 최소한의 자극의 세기_역주)가 매우 낮다. 그들은 타인의 말과 표정을 금방 알아차리고 어떤 사소한 일에도 즉각적으로 반응한다.

남의 비위를 맞추는 사람들의 이야기를 들어보면 그들은 어릴 때부터 이 같은 행동 양상을 보였다. 예를 들어 경제적으로 어려운 가정의 자녀들이 부모의 근심 어린 얼굴을 보면 불만을 토로하는 것이 아니라, 오히려 열심히 애교를 부려 부모의 마음을 최대한 편안하게 만들려고 하는 경우이다. 부모님을 기쁘게 해 드리려고 노력하면서 아이들은 점차 남의 비위를 맞추는 성향으로 자라게 된다.

죽음에 대한 공포와 삶에 대한 열망은 인간이 극한 조건에 적응하는데 필요한 기술을 발전시키는 데 촉진제 역할을 하였다. 공포 속에서 생존하기 위해서는 환경에 적응하는 능력을 발전시켜야 했기 때문이다.

예민함이 바로 그 능력 중 하나다. **예민한 사람은 다른 사람보다 기민하게 반응할 수는 있지만, 과도한 예민함은 지나친 반응을 초래하기도 한다.** 앞에서 말했듯이 공포의 정도는 불안 반응에 영향을 주며 불안의 정도는 외적 반응에 영향을 미친다. 끊임없이 다른 사람을 기분 좋게 만들려는 행동 또한 불안 반응 중 하나이며, 이는 사람들의 내면 깊은 곳에 숨어 있는 공포를 대변한다.

불안을 직시하면 거짓으로 포장된 가짜 불안이 보인다

그런데 이러한 공포가 실제로 위협적인 공포인지 생각해 보았는가? 공포가 시키는 대로 따르지 않는다면 어떻게 될까?

남의 비위를 맞추는 사람은 이에 주저 없이 대답할 것이다. "물론 진짜 공포가 맞죠! 나는 공포가 엄습해오는 것을 온몸으로 느꼈거든요. 공포가 이끄는 대로 하지 않으면 어떻게 되냐고요? 그렇다면 일을 철저히 계획하거나 완벽하게 끝내지도 않고 내 멋대로 살아야 할 텐데…. 하아, 상상만 해도 괴롭네요. 이렇게 살다간 전 죽고 말 거예요!"

나는 혼란에 빠진 그에게 말한다. "당신은 진짜 감정을 느꼈던 게 맞아요. 그 순간만큼은 참을 수 없는 공포가 당신을 에워싸고 있었을 테니까요."

이에 그는 이렇게 대답할 것이다. "공포가 시키는 대로 하지 않으면 난 죽을지도 몰라요!"

정말 그렇게 될까? 죽음에 대한 두려움이 지나치게 과장되어 자신을 그림자처럼 따라다니고 있는 것은 아닐까?

엄밀히 말하면 그 공포는 죽을 것 같다는 '느낌'일 뿐이지 실제로 자신이 죽을 상황에 처한 것은 아니다.

아마도 이는 그동안 여러분이 갖고 있던 신념과 전혀 다른 접근일 것이다.

나는 지난 10여 년간 임상 심리 상담을 하면서 자신만의 신념과 환상 속에 갇혀 사는 사람들을 많이 만났다. 상담 초기에 사람들은 자신의 신념과 생각을 고집스럽게 지키며 아무도 자신의 아픔을 이해하지 못한다고 생각하는 경향을 보였다. 하지만 상담을 통해 불필요한 감정이 소화되면서 그간 지켜왔던 자신의 신념을 다시 돌아보기 시작했다. 그리고 서서히 생각의 새로운 창을 열어보였다.

'이렇게 살지 않으면 내가 정말 죽게 될까?'

만약 누군가가 '이렇게 살지 않으면 나는 죽을 거야'라는 확고한 신념을 갖고 있다면 그것을 무너뜨리기 쉽지 않을 것이다. 인간은 자신을 보호하고 구하려는 본능을 갖고 있기 때문이다.

하지만 그동안의 행동 패턴이 자신을 자주 괴롭히고 오히려 고통스럽게 만든다면 좀 더 열린 마음으로 자문해 볼 필요가 있다.

물론 이것이 쉽지는 않겠지만 충분히 시도해 볼 가치가 있다.

공포와 불안은 우리의 조상들이 환경에 적응하면서 갖게 된 원시적이고 본능적인 감정 형태이다. 이러한 감정은 긍정적인 면도 갖고 있다. 예를 들어 공포와 불안을 통해 우리는 사전에 위험을 대비하고, 진취적이고 적극적으로 탐색하며 창의성을 발휘하기도 한다. 그러나 과도한 공포와 불안은 진정한 자아를 망각시키고, 외부의 마찰과 충돌에 대응하는 데 지나친 감정 소모를 초래한다. 이는 인격의 핵심이자 인간의 생명력과 직결된 자주성과 창의성을 억압할 수 있다.

내적인 공포와 불안을 상대하는 데 불필요한 감정 소모를 하지 않을 때야 비로소 깨닫게 될 것이다. 우리네 인생에는 풍부한 가능성과 의미를 가진 더욱 가치 있는 일들이 여러분이 오기만을 기다리고 있음을 말이다.

내면의 쉼표를 찾는 여정

- 준비물 : 펜과 노트
- 소요 시간 : 15~30분

15~30분 동안 방해받지 않는 시간을 준비하자. 이 시간은 오롯이 나만을 위한 소중한 시간이다. 여러분은 충분히 그럴만한 가치가 있다.

자, 이제 내면의 자신에게 이렇게 물어보자.

"나는 어떤 공포와 불안을 경험하고 있는가?"

이를 단어, 구문 또는 문장으로 표현해 보자.
자신의 공포와 불안에게 말을 할 수 있다면, 어떤 말을 전하고 싶은가?
이에 그들은 어떻게 대답할까? 이를 깊게 생각해 보고 그 내용을 노트에 적어보자.
다 쓰고 나서 한 번 읽어봐도 좋다.

만약 연습 중에 불편함을 느낀다면 언제든지 멈추고 이를 계속 진행할 수 있는지 나의 상태를 점검해야 한다. 잠시 다른 일을 하면서 주의를 다른 곳으로 돌리거나 내면의 안전 기지로 들어가 정신적 에너지를 회복한 후에 다시 시작한다. 또는 신뢰할 수 있는 편안한 사람을 옆에 두고 함께 진행해도 좋다.

수치심과 억울함: 있는 그대로의 나를 봐줘, 그걸로 난 충분해

수치심과 억울함 역시 마음 깊은 곳에 숨어 있는 경우가 많다. 하지만 자신의 이러한 감정을 아직 제대로 마주한 적이 없다고 해도 스스로 탓할 필요는 없다.

나는 좋아하는 남자를 위해 많은 시간과 돈을 투자했지만 결국 버림받은 여성들의 이야기를 많이 들었다. 이런 관계에서 여자는 주로 남자의 비위를 맞추는 행동 패턴을 보인다.

그렇다면 여성들은 이러한 관계를 즐겼을까? 물론 행복을 느끼기도 했을 것이다. 그렇지 않다면 남자를 위해 시간과 돈을 투자할 이유가 없었을 테니 사랑받는 느낌을 받았음은 확실하다. 하지만 이런 느낌은 남자에게 직접 받은 것이 아니라 자신이 쏟아부은 헌신과 맞바꾼 것이라고 할 수 있다.

사랑은 돈으로만 살 수 없다. 사랑을 위해서는 많은 시간과 노력, 감정 비용이 필요하다. 만약 감정의 흐름이 진심에서 비롯되지 않는다면 서로의 관계는 맞지 않는 톱니바퀴처럼 어긋나기 시작한다.

지갑을 열어서 상대를 기쁘게 해줘야만 관계를 유지할 수 있고 사랑받을 수 있다고 느끼는 것은 스스로 자존감을 내리깎는 것과 같다. 이러한 자기 비하는 자신을 하찮은 존재로 여기거나 타인의 무시를 받을까 봐 두려워하는 감정을 포함한다.

여자가 일방적으로 상대의 비위를 맞출 경우, 그는 감정적 폭력을 일삼는 '나쁜 남자'로 전락하기 쉽다. 나쁜 남자가 자신에게 헌신하는 여자를 떠나지 않는 이유는 여자의 돈을 쓸 수 있고, 사랑을 주지 않아도 되기 때문이다. 그러다 관계가 더욱 가까워질수록 여자는 점점 지치게 되고 예전과 다르게 화를 내며 폭발하기도 한다. 그동안 내심 여자를 무시해온 남자는 여자의 변화에도 그저 무관심으로 일관한다.

한 여성은 남자친구와 교제를 하다가 자신이 부쩍 화를 내는 횟수가 잦아졌다고 했다. 그러다 남자친구가 "도대체 너는 왜 이렇게 변한 거야? 너는 절대 화내는 사람이 아니었잖아."라는 말에 이별을 결심했다고 한다.

이 말을 듣고 여러분도 나와 같은 생각을 했는지 모르겠지만, 일단 그 남자의 상황을 차치하고 여성의 관점으로 돌아가 보자.

나는 그 여성에게 물었다.

"그때 당신은 어떤 감정이 들었나요?"

"무척 수치스러웠어요. 나는 돈도 마음도 다 갖다 바쳤는데 그 사람의 눈에 저는 일반적인 사람이 아니었던 것 같아요. 그는 제가 부정적인 감정을 느끼는 것을 이해하지 못했거든요. 왜 이렇게 변했냐고 따지는 그를 바라보는 게 너무 고통스러웠고 그 말투를 견디기 힘들었어요. 그동안 그와의 관계에서 저는 아무런 계산 없이 그를 기쁘게 하려고 최대한 노력했어요. 그런데 생각해 보면 정작 나자신은 행복하지 않았고 내 분노를 억눌러야 했던 순간이 더 많았던 것 같아요. 더 이상 화를 참지 않고 터뜨려보니 그가 그동안 나를 어떻게 생각했는지를 정확히 알게 되었어요."

남자가 자신의 진정한 모습을 받아주지 않는다는 것은 그녀에게 큰 충격이자 엄청난 수치였다. 지난날을 돌이켜보면, 그녀는 몇 년 동안의 길고 짧은 만남들 속에서 상대의 존중과 사랑을 얻기 위해 애썼지만 번번이 실패했다.

밀려오는 괴로움을 느끼며 그녀는 마음속으로 이렇게 말했다. '나는 그저 네가 있는 그대로의 나를 봐주길 원했던 거야. 난 그거면 충분했어.'

사실 그 여성은 성장 과정에서 다른 사람에게 사랑과 인정을 받았던 경험이 많지 않았다. 그녀는 자신이 부족하기 때문에 부모님이 자신을 사랑하지 않는다고 생각했고, 사랑을 받기 위해서는 내가 더 멋지게 변해야 한다고 늘 되뇌었다.

그녀는 어릴 적 아버지와 함께했던 시간을 회상했다. 아버지는 늘 혐오의 시선과 강압적인 말투로 그녀를 꾸짖고 억압했다. 그래서 그녀는 자신을 매우 보잘것없는 존재로 여기게 되었으며 때로는 이런 생각을 했다. '아빠는 나를 이렇게 싫어하는데 왜 엄마가 나를 낳도록 내버려 뒀을까?'

남자친구가 그녀에게 변했다고 화를 내는 순간, 그녀의 마음속에 어릴 적 아버지에게서 느꼈던 감정, 강렬한 열등감이 다시 솟구쳤다.

"저는 왜 살아야 할까요? 왜 이런 대우를 받으면서까지 살아야 할까요? 제가 노력이 부족했나요? 제가 뭘 잘못한 건가요? 너무 괴롭고 힘들어서 삶의 실낱같은 마지막 희망까지 다 사라진 것 같아요. 이제 더 이상 살아야 하는 이유를 모르겠어요."

불공평한 관계에서 시작된 억울함

어떤 면에서 보면 공포와 불안은 생존 본능에서 비롯된다. 어린 시절 부모에게 인정받지 못한 아픔을 겪었던 그 여성은 어른이 되고 나서도 타인에 의해 그때와 꼭 닮은 상처를 받는다. 그 순간, 가슴 속에 묻어왔던 열등감이 빠르게 번지면서 마지막 남은 자존감을 덮고 있던 옷깃마저 갈기갈기 찢어버렸다. 그렇게 그녀는 상처투성이의 알몸으로 가엾이 웅크리고 있는 듯했다.

대부분의 사람은 생명이 가장 귀중하다고 하지만 어떤 사람들은 자존감을 생명보다 더 중요하게 여기기도 한다.

그 여성은 자존감이 바닥으로 떨어져도 타인과의 관계에서 언제나 최선을 다했다. 이렇게 노력해서라도 누군가에게 받아들여진다는 느낌을 받고 싶었기 때문이다.

그녀는 아마도 남자친구와의 관계에서 마음이 좀 편해지자 화도 내기 시작했을 것이다. 그러나 운명은 이런 그녀에게 너무도 차가운 반응을 보였다. 그녀는 그토록 원했던 사랑도, 인정도 받지 못했다. 어릴 적 아버지의 경멸 어린 시선과 꼭 닮은 남자친구의 말투는 그녀의 마음을 다시 한번 찢어놓았다.

그녀는 그저 "나는 정말 괜찮아"라는 말을 증명하고 싶었을 뿐이다. 이는 마치 얼음처럼 차가운 아버지를 향한 간절하지만 소리 없는 외침과 같았다.

"제발, 나를 봐주세요. 나를 사랑해주세요."

부모님께 생활비에 집까지 마련해 드리고 동생들을 부양하는 등 가족을 위해 헌신했던 지난날을 떠올려보니, 그동안 열심히 돈을 벌어 오로지 다른 사람을 위해서만 썼다는 것을 깨달았다. 아마 그녀는 이에 억울함을 느껴도 이렇게 말할 것이다.

"이것 봐. 난 정말 괜찮다니까. 그나저나 나를 사랑해 줄 거지?"

수없이 넘어지기를 반복하면서 괴로움과 억울함에 허덕이던 그녀는 혼자 읊조렸다. "왜 나에게는 자꾸 이런 일만 생기는 걸까."

나는 그 여성의 이야기를 들으면서 마음 한구석이 아려왔다.

친밀한 관계에서 상대의 비위를 맞추려는 행동에는 깊은 열등감과 갈망이 내포되어 있으며, 이는 많은 진실한 감정과 소망을 억누른다. 갑자기 상대방이 "이제 그만하자. 넌 내가 원하던 사람이 아니야."라며 뜻밖의 이별을 통보하기라도 하면, 그동안의 모든 열정이 꽁꽁 얼어붙어 봉인되고 다시는 누구의 관심도 받지 못할 것처럼 느껴진다.

억울함과 수치심은 서로 닮은 듯하지만, 실제로 사람들은 수치심보다 억울함을 더 쉽게 느끼곤 한다.

두 사람의 관계에서 한 사람이 일방적으로 헌신이나 희생을 감수하다 보면, 그 사람은 언젠가 불공평한 관계가 가져오는 억울함을 느끼기 마련이다. 방금 이야기 속의 여성은 어릴 적 부모님의 사랑을 받지 못했고, 부모님이 자신을 대하는 모습을 보며 스스로 존재가치와 의미를 의심할 수밖에 없었다. 그녀는 어른이 되어서도 자신의 감정이나 생각, 의지를 접어두고 언제나 가족을 위해 희생했고 자신의 모든 것을 바쳐 부모님께 보답했다. 이 모든 행동의 목적은 단 한 가지, 가정이라는 편안한 안식처를 얻기 위함이었다.

그러다 그녀는 독립할 기회가 왔을 때 일부러 고향에서 멀리 떨어진 도시를 선택했다. 은연중에 그녀는 현실을 벗어나고 싶다고 생각했던 것이다. 이제 가족들의 비위를 맞추며 살던 삶에서 벗어났다고 안도했지만, 몇 차례의 연애는 그녀를 예전의 모습으로 돌려놓았다.

어떠한 친밀한 관계를 제대로 완성 짓지 않으면, 사람들은 다른 관계에서 새로운 변화의 기회를 찾는다.

이런 변화는 보통 반복에서 시작된다. 이 여성은 여러 차례의 연애 과정에서 '상처받음 – 분노 – 이별'이라는 유사한 패턴을 반복했다.

어긋난 희망이 만들어낸 고통의 무감각

사실 고통은 부정적인 감정 외에도 '희망'이라는 이면을 갖고 있다. 나방이 불에 닿으면 죽는다는 것을 알면서도 불 속으로 달려드는 이유는 그곳에 환상으로 둘러싸인 '희망'이 있기 때문이다.

주식으로 많은 손실을 입은 친구들에게 왜 주식을 그만두지 않냐고 물어보면 이렇게 답하곤 한다. "아직 희망이 있으니까! 언젠가는 다시 오를지도 모르잖아!" 이는 일부 사람들이 인간관계를 대하는 심리와 유사하다. 열정적인 사람들은 내면에 판타지적인 희망을 품고 있다. 그들은 자기가 만들어낸 환상 속에 살면서 현실을 똑바로 마주하려 하지 않는다.

같은 고통을 반복한다고 해서 고통에서 벗어날 수는 없다. 심리학자 지그문트 프로이트Sigmund Freud는 1920년에 발표한 논문《쾌락 원칙을 넘어서Jenseits des Lustprinzip》에서 '반복 강박' 개념을 제시했다. '반복 강박'은 자신을 치유할 수 있는 조건을 만들기 위해 자신을 동일한 상처를 받는 환경에 반복적으로 노출시키는 것이다. 이를 통해 자신을 '무감각하게' 만들거나, 반복되는 과정에서 다른 대처 능력을 키움으로써 상처를 치유하고자 한다.

현실을 깨닫지 못하면 사람들은 계속 어긋난 '희망' 속에서 고통을 반복하게 될 것이다.

어떤 사람들은 그런 고통에 적응해서 점점 '무감각'해진다. 또 어떤 사람들은 고통을 겪으면서도 같은 패턴을 반복하다가 고통이 극에 달해 자신의 생활과 업무에 타격을 입힐 때야 비로소 변화를 추구하기도 한다.

지난날의 행동을 반성하고 현재의 고통에서 경각심을 가지는 것만이 판타지적 희망을 깨고 반복 강박을 극복할 수 있는 길이다. 변화하려 하지 않고 자신의 고통을 불평하기만 하는 사람은 아직 고통 속에서 깨달음을 얻지 못했기 때문이다.

생각해 보자. 만약 사례 속 여성이 첫 번째, 두 번째 연애를 하며 무언가를 깨달았다면(우리 관계에서 어떤 변화가 생긴 거지? 나는 왜 늘 이렇게 그를 대할까? 그는 또 왜 나에게 이런 대우를 하는 걸까?) 아마도 그녀는 과거와는 다른 삶을 마주하지 않았을까. 다른 인연을 만날 때 더욱 신중히 처리할 것이고, 혼자 상처 입을 가능성도 크게 줄었을 것이다.

삶은 자신을 돌아보고 깨닫는 용감한 사람들을 절대로 배신하지 않는다.

같은 고통을 여러 차례 반복하면서도 큰 변화가 없는 사람은 내면의 힘이 아직 충분하지 않아서 더 깊은 고통을 받아들일 준비가 되지 않은 것이다.

깊은 고통일수록 수치심과 무력함의 강도가 세지는 법이다.

영국 심리치료사 이미 로Imi Lo는 "수치심은 자신감의 표현이다. 우리는 잠재의식 속에서 자신의 능력이 부족하다고 느끼며, 자신을 가치 있는 존재로 여기지 않는다. 다른 사람들이 자신의 진짜 모습을 알게 되면 자신을 거부하고 떠나리라 생각하기 때문에 진정한 자아를 억압하며 억울함 속에서 살게 된다"라고 말했다.

수치심이 진정한 자아를 과도하게 억누르면 사람은 점점 위축되어 자기 비하에 빠지고 삶의 활력을 잃게 된다. 또한 억압은 파괴적인 보상과 발산을 유발하는데 그 파괴적인 에너지는 상처받은 자신이 스스로 만들어낸 것이다.

인간의 수치심은 인류 문명의 발전을 촉진시키기도 하지만, 지나친 수치심은 자신을 평범한 사람으로 보지 않고 더 완벽한 모습을 추구하게 만든다. 우리는 나 자신의 수치심을 정면으로 마주해야 한다. 내가 인간으로서 할 수 없는 일, 통제할 수 없는 일이 있음을 인정하고, 다양한 감정 중 하나인 수치심을 느끼는 것도 지극히 정상적인 반응이라는 사실을 받아들여야 한다.

삶에서 불가피하게 느끼는 수치심과 열등감을 이해하고, 억울함이나 갖가지 부정적인 감정들을 있는 그대로 존중하자. 우리는 인간이기에 취약할 수 있다. 자신에 대한 비난을 멈추고 인간의 위대한 속성인 용기를 믿어보자.

용기라는 갑옷을 입고 수차례 넘어져도 다시 일어나 계속 전진하는 것, 이것이 바로 생명의 힘이다. 나는 모든 생명의 씨앗을 경외한다. 그리고 세상의 모든 생명은 자신의 아름다운 미래를 위해 고군분투하고 있음을 믿는다.

내면의 쉼표를 찾는 여정

• 준비물 : 펜과 노트

• 소요 시간 : 15~30분

　15~30분 동안 방해받지 않는 시간을 준비하자. 이 시간은 오롯이 나만을 위한 소중한 시간이다. 여러분은 충분히 그럴만한 가치가 있다.
　나 자신을 깊이 사랑할 때, 마음의 안정과 평화가 찾아온다.
　천천히 생각해 보고 이러한 감정들과 조심스럽게 마주해 보자.

　수치심과 억울함을 경험한 적이 있는가? 그런 느낌은 어땠는가?
　만약 수치심이나 억울함과 대화를 나눌 수 있다면, 그들에게 무슨 말을 하고 싶은가?
　그들은 어떻게 대답할까?
　이를 기록하고 나의 이야기를 적어보자.

　만약 연습 중에 불편함을 느낀다면 언제든지 멈추고 이를 계속 진행할 수 있는지 나의 상태를 점검해야 한다. 주의를 다른 곳으로 돌리거나 내면의 안전 기지로 들어가 정신적 에너지를 회복한 후에 다시 시작해도 좋다.

04

분노와 죄책감:
내가 이렇게 노력했는데,
너도 할 만큼은 해야지

항상 남의 비위를 맞추는 사람은 언제나 유순하고 친절하기 때문에 다른 사람들은 그들의 분노와 죄책감을 쉽게 알아차리지 못한다. 때로는 그들 자신조차도 인지하지 못하기도 한다.

사실 그들은 분노를 느껴도 초반에는 잘 드러나지 않는다. **분노의 감정은 그들의 내면에서 매우 미약한 존재인 데다가 '은폐'되어 있어서 이에 대한 반응이 상대적으로 느리게 나타나는 것이다.** 게다가 남의 비위를 맞추는 사람은 타인과의 관계에서 분노를 표출하는 것을 매우 위험한 일이라고 생각하기에 최대한 분노를 자제하려고 한다.

심리학자 제니퍼 라이너Jennifer Reiner는 이같이 말했다.

"긴장하고 두려운 상황에의 분노는 자연스러운 감정이다. 분노는 나쁜 것이 아니며 실제로 분노는 공포보다 정신 건강에 더 이롭다."

그러나 대부분의 사람은 분노를 매우 부정적으로 여긴다. 이 같은 편견 때문에 인간관계에서 분노하는 사람들은 나쁜 평판을 받기 십상이다.

남의 비위를 맞추는 사람은 평가에 극도로 민감하기 때문에 최대한 분노를 피하려고 하지만 이러한 감정은 쉽게 통제하기 어렵다. 그래서 그들은 자신의 분노를 매우 수동적인 방식으로 표현하곤 한다. 이러한 성향은 남의 비위를 맞추는 사람 중 도덕을 자신의 강점으로 삼는 사람들에게서 흔하게 볼 수 있다.

1947년 에리히 프롬Erich Fromm은 주요 작품인 『자기를 위한 인간 Man for Himself』을 출간했다. 이 책에서 프롬은 각 개인은 자기 자신을 최우선으로 돌봐야 한다고 주장했으며, 자신을 안정시키고 나서야 타인에 대한 무조건적인 헌신이 이루어질 수 있다고 말했다.

남의 비위를 맞추는 사람은 대부분 자신은 충분히 돌보지 않은 채로 남에게 헌신한다. 그러나 '다 너를 위해서야'라는 헌신 뒤에는 어떤 대가에 대한 기대감이 있다. 그저 그들도 자신이 원하는 대가가 무엇인지 잘 모를 뿐이다.

사람들은 서로 무의식중에 수많은 것을 교환한다. 남의 비위를 맞추는 사람의 완벽을 추구하는 성향 뒤에는 타인과 무언가를 교환하려는 의도가 있을 수 있다. 예를 들어, '내가 상대에게 완벽한 대우를 해줬으니 그는 나를 평가할 자격이 없다'라고 생각하거나, 이런 생각을 무기 삼아 상대를 공격하며 자신의 행동을 정당화하는 사람도 있다.

일부 연인관계에서 자신이 나쁜 사람이라고 느끼는 경우가 많다. 특히 상대가 무척 잘해줄 때는 더욱 그렇다. 그런데 자기 자신이 줄곧 '악역'을 맡고 있다고 느끼면 이는 분노를 자아내기도 한다. 이런 부정적인 느낌은 파괴적인 경험으로 이어지며, 매우 참기 힘든 감정으로 남는다.

내면의 분노를 분리시켜 타인에게 투영하다

남의 비위를 맞추는 사람과 밀접한 관계를 맺은 사람들은 그들 때문에 크고 작은 분노를 경험한다. 좀 더 자세히 이해하기 위해서 나는 여러 부부를 대상으로 이에 대해 물어보았다.

한 남편은 이렇게 말했다. "제가 아내에게 화나는 이유는 아내가 저를 위해 한다는 모든 일에는 암묵적인 요구가 담겨 있기 때문이에요. 만약 아내가 원하는 대로 보답하지 않으면 아내는 절 더 화나게 만들죠."

나는 물었다. "그렇다면 어떤 상태가 서로에게 더 편할까요?"

"서로 할 수 있는 만큼만 하며 좀 단순하게 살았으면 좋겠어요. 너무 많이, 완벽하게 할 필요도 없어요. 그리고 아내가 조금 더 잘

해준다고 해서 내가 꼭 그만큼 보답해야 하는 건 아니잖아요."

남편의 평소 행동을 분석하지는 않았지만, 여기서 우리는 그동안 남편이 아내에게 강요받는다는 느낌을 받았고, 그가 이러한 느낌을 매우 싫어한다는 것을 알 수 있다.

보통 한쪽이 다른 한쪽에게 화를 내는 경우는 자신이 어떤 일을 처리할 능력이 없음에 화풀이를 하거나, 다른 사람이 자신을 화나게 만들어서이다. 그렇다. 아내는 아마도 남편을 화나게 만들고 싶었는지도 모른다. 왜 아내는 큰 이유 없이 자꾸 남편을 화나게 만들었을까?

안나 프로이트는 심리 방어 기제의 일환으로 **'분열'**과 '**투사적 동일시**'를 제시했다. 이는 사람들이 참을 수 없는 고통을 느낄 때 그 고통을 분리시켜서 타인에게 투사하는 것을 의미한다. 고통이 다른 사람에게 전가되어 반응을 보이면 고통을 투사한 사람은 더 이상 고통을 느끼지 않고, 이제 고통이 자신을 떠나 타인의 것이 되었다고 생각한다는 것이다.

위의 예시에서 남편이 분노를 느낀 원인은 아내가 투사한 분노를 받아들였기 때문일 수도 있다.

그렇다면 남편이 아내에게 받은 분노를 표출하는 것이 아내에게 도움이 될까? 아마도 그럴 것이다. 아내는 자신의 고통과 분노가 남편에게 넘어갔음을 인지했기 때문이다. 그리고 이로 말미암은 불안도 사라지게 된다. 하지만 이러한 행동 양상은 그들의 관계에 상처만 남길 뿐이다. 아내는 자신이 제대로 대우받지 못했다고 생각하며 상대에게 실망하고 분노하기 시작한다. 만약 아내가 자신의 분노를 인식하고 그 분노를 '돌보려는' 의지가 있다면, 두 사람 사이에 있는 장애물을 제거할 수 있을 것이다.

남의 비위를 맞추는 사람은 인간관계가 맺어지는 초반에는 분노를 꽁꽁 숨긴다. 그러다 관계가 어느 정도 깊어지면 자신의 불만을 점차 표현하기 시작한다. 그들은 자신의 노력이나 헌신에 비해 고작 이거밖에 얻지 못했다고 실망하며 괴로워한다. 그리고 마음속으로 상대를 모질게 원망한다.

'너는 도대체 왜 그러는 거야? 왜 나에게 좀 더 잘해주지 않는 거야? 왜 나에게 상처를 주는 거야?'

여기에는 자신을 대하는 상대의 태도에 대한 분노와 자신의 무력함에 대한 분노가 모두 존재한다. 그들은 자신이 이 관계에 머무르고 있음에 분노하고, 자신이 상대에게 의존하고 있다는 사실에 분노한다.

사랑하지만 사랑받지 못하는 고통이 그들의 마음에 깊은 상처를 준다. 분노 속에는 화염뿐 아니라 눈물도 뒤엉켜 있기 마련이다.

어떤 사람들은 분노를 표출한 후에 오히려 관계가 개선되기도 한다. **분노를 통해 본래의 감정이 전해지면 상대는 그 사람의 진정한 모습을 보게 됨으로써 그 고통을 함께 나누기를 원하기 때문이**

다. 이러한 사람은 참으로 소중한 동반자로서, 관계 때문에 받은 상처를 치유하는 데 큰 도움을 줄 수 있다.

반면 어떤 사람들은 분노를 표출한 후 상황이 더욱 악화되기도 한다. 상대는 더 격렬하게 받아치거나 무관심으로 일관하고, 심지어 폭력적으로 대할 수도 있다. 이는 남의 비위를 맞추는 사람이 가장 두려워하는 상황이자, 그들이 분노를 억누르는 이유이기도 하다.

이런 상대는 인격적인 측면에서 문제가 있기 때문에 그들에게 계속 희망을 건다면 언젠가 큰 고통에 빠질 수도 있다.

동전의 양면과 같은 죄책감과 적대감

남의 비위를 맞추는 사람이 맺은 친밀한 연인관계에는 깊은 죄책감이 내재되어 있다.

죄책감에 대해 크게 두 가지 측면으로 나눠서 살펴보자. 하나는 그들이 상대에게 죄책감을 느끼게 하는 것이고, 다른 하나는 그들 스스로 죄책감을 느끼는 것이다.

영국의 유명한 대상관계심리학 전문가 멜라니 클라인Melanie Klein은 "죄책감은 개인의 내면 깊은 곳에 있는 사랑과 증오가 교차하는 고통에서 비롯된다."라고 말했다. 누군가 사랑하는 사람에게 상처를 입히면 본인 역시 고통을 느끼는데, 이러한 고통은 의식적 또는 무의식적인 증오에서 기인한다는 것이다.

남의 비위를 맞추는 사람은 타인과의 관계에서 유독 많은 헌신을 하기 때문에 쉽게 지치고 힘들어한다. 이에 상대는 자신이 그를 힘들게 만들었다는 죄책감을 느끼게 되고, 이러한 죄책감 때문에 쉽사리 그를 공격하지 못한다.

우리는 여기서 상대에게 죄책감을 느끼게 하는 것은 한 가지 '장점'이 있음을 알 수 있다. 죄책감을 느끼는 사람은 관대한 태도를 보일 가능성이 높다는 것이다. 예를 들어 상대는 이렇게 생각할 수도 있다. '네가 이렇게 잘해주는데 내가 어떻게 너에게 상처를 주겠니. 네가 이렇게 힘들게 노력하는데 내가 더 이상 뭘 요구할 수 있겠니.'

남의 비위를 맞추는 사람은 상대의 이런 반응을 보면 자신의 상황이 예전보다 안전해졌다고 느낄 수도 있다. 하지만 이런 관계는 완전히 안심할 수 없으며, 상대가 갑자기 돌변해 상처를 줄 가능성도 있다.

결국 남의 비위를 맞추는 사람은 지나치게 자기희생적인 방식으로 행동하다가 결국은 자신에게 상처를 가하는 것이다.

이들의 죄책감은 꽤 깊은 곳에 숨겨져 있다. 죄책감과 수치심은 모두 자신을 향해 겨눈 칼처럼 아주 조금씩 피부에 상처를 내며 매 순간 고통을 느끼게 한다.

남의 비위를 맞추는 사람들은 마음속에 내재된 죄책감을 해소하

기 위해 타인에게 보상하려는 행동을 한다. 왜 보상이 필요할까? 죄책감을 느끼기 전에 분노가 생기고 분노는 적대심과 함께 등장하기 때문이다. 남의 비위를 맞추는 사람은 이러한 적대심이 상대에게 상처를 입힌다고 생각한다. 상대를 적으로 여기면 함께 지내는 동안 위협을 느끼고, 이는 내면의 공격 충동을 일으킨다. 이 중 일부는 심한 말로 상처를 주는 등 명시적인 공격으로 표출된다. 또 다른 일부는 겉으로 드러나지 않은 은폐된 공격으로, 무의식중에 자신이 상대방을 공격했다고 생각하는 것이다. 남의 비위를 맞추는 사람은 자신이 실제로 공격했는지와 상관없이 자신의 생각과 행동 때문에 상대가 상처를 받았다고 믿고 깊은 죄책감을 느낀다.

어떤 사람들은 죄책감이 보상을 유발한다는 이섬을 활용하여 관계에서 도덕적인 우위를 점한다('이것 봐, 내가 너에게 얼마나 잘하고 있니'). 또 다른 측면에서 볼 때, 상대에게 보상을 해주면 죄책감이 감춰지기 때문에 더 이상 죄책감을 느끼지 않아도 된다.

부모가 자녀의 비위를 맞추는 역할에서 보상자로 변하는 패턴은 매우 흔하게 볼 수 있다. 예를 들어, 엄마는 아이의 다양한 요구를 충족시키기 위해 노력하는데 이것은 단지 아이를 사랑해서 뿐만이 아니라 자신이 '좋은 엄마'임을 확인하기 위해서다. 이런 상황에서도 적대감이 모호하게 존재한다. 엄마가 자녀와의 관계에서 원하는 것은 아이가 자신을 '좋은 엄마'로 인정하는 것이다. 그래서 엄마는 자신의 부족한 면을 최대한 숨기려 하고, 자녀가 그들 관계의 부정적인 면을 언급하는 것 또한 받아들이지 않는다. 이 때문에 자녀와의 관계는 또 다른 시험대에 올라간다. 엄마는 자신이 최선을 다했음에도 원하는 인정을 받지 못하면, 명시적 공격 방식으로 태세 전환을 하여 자신의 분노를 표출한다. 소리를 지르거나 폭력을 가하는 등 아이에게 분노를 퍼붓는 것이다. 그러다 갑자기 죄책감을 느끼고 다시는 상처를 주지 않겠다고 반성하며 아이에게 보상을 해주기 시작한다. 이러한 '적대감 – 분노 – 보상'이라는 악성 연결고리가 끊임없이 이어진다.

죄책감을 많이 느끼는 사람은 자신의 적대감을 잘 인식하지 못한다. 그러나 죄책감과 적대심은 밤과 낮처럼 서로 만나지는 않지만 뗄 수 없는 관계에 있다.

혹시 여러분도 상대에게 늘 빚진 것 같은 마음이 들고 이를 보상해주려고 애쓰는가? 그리고 보상한 후에는 오히려 그 관계를 벗어나고 싶어 하지는 않는가? 만약 그렇다면 자신의 내면에 죄책감이라는 감정이 솟구치고 있는 건 아닌지 생각해 볼 필요가 있다.

적대감은 죄책감을 낳고, 그 죄책감은 보상해야 한다는 부담을 낳고, 지나친 보상은 분노와 적대감을 낳는다는 악순환을 제대로 파악한다면 남의 비위를 맞추려는 강박에서 벗어날 수 있을 것이다.

분노와 죄책감은 관계에서 파괴적인 힘을 발휘한다. 전자는 직접적이고 외현적이며, 후자는 간접적이고 내재적이다. 파괴적인 힘은 사람들을 공포에 떨게 하여 이를 피하고 싶게 만든다. 그러나 이를 쉽게 피할 수는 없기 때문에 여러 가지 문제가 생긴다.

하지만 너무 걱정할 필요는 없다. 아리스토텔레스는 "용기는 자신감과 두려움의 중용이다. 사람들은 이러한 감정에 두려움을 느끼지만, 사실 그 뒤에는 상처를 입은 연약한 부분이 존재한다"라고 말했다. 지금 이 글을 읽고 있는 여러분은 이미 용기 있게 내면의 준비를 하고 있다. 이러한 감정을 이해하는 것은 변화를 이끌어내기 위한 준비 단계이다. 이 과정에서 과거에 억눌렸던 감정을 끌어내며 불편함을 느낄 수도 있다. 하지만 이 감정들이 고개를 내밀기 시작했다는 것은 나약한 감정들이 다시는 자신을 외면하지 말아 달라고 호소하는 것이다.

변화는 쉽지 않지만 매우 가치 있는 일이다. 우리는 평생 성장하는 존재이기에 지금 준비가 되지 않았다면 서두르지 말고 조금 더 시간을 투자하면 된다. 모든 준비 과정 중에서 자아에 대한 준비가 가장 중요하다. 자신의 변화를 확고히 결심한다면 강력한 에너지가 생기고 서서히 변화의 길로 접어들 것이다.

내면의 쉼표를 찾는 여정

- 준비물 : 펜과 노트
- 소요 시간 : 15~30분

15~30분 동안 방해받지 않는 시간을 준비하자. 이 시간은 오롯이 나만을 위한 소중한 시간이다. 여러분은 충분히 그럴만한 가치가 있다.

나 자신을 깊이 사랑할 때, 마음의 안정과 평화가 찾아온다.

천천히 생각해 보고 이러한 감정들과 조심스럽게 마주해 보자.

분노와 죄책감을 경험한 적이 있는가? 그 느낌은 어땠는가? 그때 무슨 일이 있었는가?

내면과 이러한 감정의 연결점을 찾아 글로 표현해 보고 자신이 쓴 글을 천천히 읽어보자.

만약 분노와 죄책감과 대화를 나눌 수 있다면, 그들에게 무슨 말을 하고 싶은가?

그들은 어떻게 대답할까? 자신의 감정을 다시 한번 글로 써보자.

슬픔과 무력감:
잃어버린 사랑을
애원할 필요는 없어

나와 5년간 심리 상담을 했던 한 여성이 있었다. 처음에는 전화 상담으로 시작했지만 전화만으로는 한계가 있어 나는 영상 상담을 권했다. 그러나 그 여성은 계속해서 전화로 상담받기를 원했다.

나는 나중에야 그녀가 전화 상담을 고집한 이유를 알게 되었다. 그녀는 우는 모습을 나에게 보이고 싶지 않았던 것이다. 그녀의 기억 속에서 울음은 금기와 같았으며, 다른 사람들 앞에서 울거나 부정적인 감정 표현을 하는 것을 철저하게 제한했다.

그녀는 자신이 눈물을 보이면 다른 사람들이 그 눈물로 자신을 평가할까 봐 두려워했다. '울음 = 나쁜 행동'이라고 생각했던 그녀는 자신의 우는 모습을 내가 받아주지 않을까 봐 걱정했던 것 같다.

그 여성은 성장 과정에서 많은 아픔을 겪은 것으로 아는데, 그동안 어떻게 슬픔을 참아 왔을까?

그녀는 예전에는 자신이 슬픈지도 몰랐다고 했다. 가정에서 가장 높은 권위자인 아버지는 자녀들에게 절대 울어서는 안 되며 울고 싶은 감정이 생기는 즉시 억누르라고 강요했다. 시간이 흐르면서 아마도 그녀에겐 슬퍼도 울지 않는 굳은살이 생긴 듯하다.

그런데 결혼을 하고 아이를 갖게 된 지금의 그녀는 오히려 눈물 바다에 빠져서 살고 있다. 그녀는 심리 상담을 받으며 슬픔의 의미를 깨달았고, 한 사람으로서 자신은 슬픔을 느낄 권리가 있음을 알게 되었다.

내가 슬픔을 묘사해달라고 부탁하자 그녀는 이렇게 말했다.

"슬픔은 가슴 저린 첼로 연주곡 같아요. 시작부터 끝까지 무언가에 억눌리고 숨 막히는 답답함이 느껴져요. 마치 흐르는 강 속의 모든 물방울 하나하나가 슬픔을 읊조리고 있는 것 같아요."

그녀는 자신의 생각을 매우 시적으로 표현했다. 그녀의 말을 듣고 있으면 마치 오래된 책을 읽는 것 같았고 아주 아득하고도 깊은 외로움이 느껴졌다. 그녀가 자라온 것처럼 그녀는 모든 감정을 마음 깊은 곳에 억누르고 있었다. 울거나 소란을 피우지도 않고, 아무런 요구도 하지 않는 것이 그녀의 생존 방식이었다.

그녀는 담담히 아빠라는 존재에 관해 이렇게 털어놓았다.

"늘 힘들게 일했던 아버지는 욱하는 성격이었어요. 집에서는 절대적인 권위자였기 때문에 말을 잘 들어야 아버지가 화내는 횟수를 줄일 수 있었지요."

"아버지가 기분이 좋은 날이면 우리는 마치 죄지은 신하들이 면죄부를 받은 것처럼 기뻐했어요. 물론 그런 날은 손에 꼽지만 말이에요. 게다가 아버지는 우리에게 격려나 칭찬의 말을 단 한 번도 해주지 않았어요."

"어릴 적에 친구들이 자신의 아버지에 대해 이야기를 하곤 했어요. 재미있는 아버지도 있고 자상한 아버지도 있었죠. 그 아버지들은 아이에게 칭찬을 아끼지 않았고 아이를 정말로 사랑하는 것처럼 보였어요. 아버지 이야기를 하며 행복에 눈이 반짝반짝 빛나던 친구들을 볼 때마다 저는 너무 부러웠어요. 슬프게도 저는 아버지에게 사랑을 받지 못했어요. 아무리 노력해도 헛수고일 뿐이었죠. 저는 내 자신이 못나서 아버지가 칭찬해주지 않는 거라고 생각했어요."

"이제야 조금씩 이해하게 되었어요. 아마도 아버지는 원래 그런 사람이었던 것 같아요. 유머도 없고 칭찬할 줄도 모르는 사람 말이에요. 저는 정말 마음이 아팠어요. 어렸을 때 저는 아버지가 저를 사랑스러운 눈으로 바라보는 순간이 오길 늘 기다렸어요. 야속하게

도 그런 순간은 단 한 번도 찾아오지 않았죠."

"아버지도 불행했기 때문일까요. 아버지는 언제나 저를 혐오스러운 눈빛으로 바라봤어요. 칭찬은 못 받는다고 해도 혐오감까지 받고 싶지는 않았어요. 그저 평범한 눈빛으로만 바라봐주길 바랐어요."

그녀의 말들 속에서 자괴감과 무력함이 느껴지기도 했지만 가장 절실하게 느꼈던 건 압도적인 슬픔이었다.

나는 어느 날 그녀와의 오후 상담을 끝내고 수십 층 높은 건물의 사무실 창가에 서서 도시의 야경을 바라보며 한참을 말없이 있었다. 이 여성이 어떤 어린 시절을 견뎌왔을지 상상조차 할 수 없었다. 그 아픔은 너무도 무거워서 그녀를 짓눌러 숨 막히게 할 것만 같았다.

그녀가 심리 상담을 결정한 이유는 여러 가지 방법을 시도했지만 고통이 줄어들지 않기 때문이었다. 심지어 한때 그녀는 자살을 생각한 적도 있었다.

그녀는 자신이 죽으면 이런 극심한 고통이나 가치 없는 존재감을 더 이상 느끼지 않아도 되고 다른 사람의 관심과 칭찬을 갈구할 필요도 없으리라 생각했다. 물론 그녀는 결국 그 선택을 하지 않았다.

그녀는 유일하게 남은 한 줄기 희망을 붙잡고 도움을 찾으려고 노력했다. 아마도 그동안 말로 표현하지 못했던 슬픔이 이를 위한 원동력이 됐을지도 모른다. 슬픔이 어떻게 원동력이 될 수 있는지 의아해하는 사람도 있을 것이다. 슬픔은 상실감을 극복할 수 있게 도와주기 때문이다.

이 여성은 극도의 고통을 겪었지만 눈물이 그녀를 일으켜주었다. 그녀는 한바탕 울고 나면 기분이 조금 나아지는 듯했다. 그녀는 자신의 눈물의 근원을 알지 못했기 때문에 아무런 이유도 모른 채 그저 울고 싶다는 생각만 했다. 이때 내 역할은 그녀가 눈물의 근원을 찾을 수 있도록 도와주는 것이었다.

세상에 태어난 모든 아이는 사랑과 보살핌이 필요하다. 그러나 그녀에게는 형제자매가 많아서 부모님이 제대로 돌봐줄 수 없는 상황이었다. 아버지는 시시때때로 불같이 화를 냈고, 무력한 어머니는 그저 아무 말 없이 순종할 뿐이었다. 이런 부모님의 모습을 보며 그녀는 '내가 원하는 부모님은 아니지만 그래도 의지해야 한다'라는 무력감과 상실감에 빠졌다.

실제로 자신의 부모님에게 이와 유사한 감정을 품은 사람이 많다. '나는 내가 엄마·아빠의 친자식이 아니라고 늘 생각했어. 그게 아니라면 부모님이 나를 어떻게 그렇게 대했겠어. 내 친부모님을 찾고 싶어.' 아마도 이러한 감정과 고민을 경험했던 사람들은 위에서 언급한 상실감에 익숙할 것이다.

성장 초기의 아이들은 내면에 완벽한 부모의 지지가 필요하며 이를 통해 신뢰감과 안정감을 기른다.

유명한 대상관계심리학 전문가 도널드 위니코트^{Donald Winnicott}는 이렇게 말했다. "영아는 자신이 노력을 통해 살아남아야 한다는 사실을 이해하지 못한다. 그들은 거의 100%에 가까운 삶의 경험을 제공하는 엄마가 필요할 뿐이다. 특히 아이가 태어나고 첫 몇 개월 동안 이러한 성향은 뚜렷하게 나타난다."

만약 부모가 아이에게 처음으로 주는 느낌이 좋지 않다면, 아이는 자신만의 세계에서 완벽한 엄마·아빠의 모습을 상상할 것이다. 이는 현실에서 부모로부터 받은 상실감을 보완한다. 결핍이 상상으로 채워지면서 상실감과 공허함이 상대적으로 경감되는 것이다.

그러나 아이가 성장하고 나이가 들면서 점점 부모의 모습을 닮아가는 자신을 보며 좋은 부모의 환상은 깨지게 된다. 이러한 깨달음을 제대로 마주하면 큰 성장을 이룰 수 있지만, '좋은 부모란 없다'라는 절망감에 갇혀 있으면 다시 환상 속에서 정체되는 상태에 빠지고 만다. 후자는 현실을 거부하고 현실에서 얻을 수 있는 것들을 받아들이지 않으며, 선악을 구별하지 못하는 경향을 보인다.

내 안의 무력감을 상쇄시켜줄 환상 속의 그대

남의 비위를 맞추는 사람은 내면의 무력감에 대항하기 위해 '환상'이라는 방식을 사용한다. 그래서 현재 관계를 맺고 있는 사람들을 있는 그대로 바라보지 못하고 다른 인간관계에서도 상처를 입곤 한다.

나는 남의 비위를 맞추는 습관을 지닌 한 여성에게 물었다. "다른 사람의 비위를 맞출 때, 어떤 느낌을 받나요?"

그녀는 이렇게 대답했다. "나 자신이 너무 싫고 못났다는 느낌이 들어요. 남들은 저를 싫어하거나 별로 관심이 없다는 것을 알면서도 그들의 비위를 맞추려고 안간힘을 쓰죠. 저는 그 사람들 없이는 살 수 없을 거예요. 혼자 있을 때면 존재감 없는 그저 나약하고 무력한 사람이거든요. 그런데 다른 사람의 비위를 맞추려고 노력하다 보면 조금씩 힘이 나기 시작해요. 전 늘 그들이 내 무력감을 없애 줄 것이라는 희망을 품고 있어요. 물론 무력감은 항상 그대로이긴 하지만요. 그래도 저는 남의 비위를 맞추는 습관을 멈출 수가 없어요. 이런 무력감을 마주 보는 것이 너무 무섭거든요. 무력감 때문에 내 생사를 다른 사람에게 맡기고 사는 것 같아요. 전 잠시도 혼자 있을 수 없는 나약한 존재죠. 조금이라도 숨 쉴 수 있는 공간을 얻어내려고 늘 순종하고 헌신하며 양보만 하는 나 자신이 너무 비참해요."

자신의 운명을 타인에게 걸고 공생을 선택한다는 것은 타인에게 자신의 생사에 대한 결정권을 넘기는 것과 같다.

습관적으로 남의 비위를 맞추는 사람은 이를 크게 신경 쓰지 않을 수도 있다. 그들은 이미 무력감에 젖어 있어서 자신보다 센 사람과 함께 있으면 나약한 자신도 강해질 수 있다고 믿기 때문이다. 하지만 우리는 남에게 의존해서 얻는 힘 뒤에는 여전히 무력감이 존재한다는 것을 잘 알고 있다. 깊은 무력감을 느끼는 사람은 기꺼이 다른 사람을 위해 희생한다.

중국 영화 〈무문서동: 동서를 묻지 않는다Forever Young, 無問西東〉에서 류수펀은 남자친구 쉬보창이 대학을 다니는 동안 열심히 그를 뒷바라지했고, 이에 쉬보창은 그녀를 평생 책임질 것을 약속한다. 하지만 그는 졸업 후에 돌변하여 결혼 약속을 후회했고, 이에 류수펀은 자살하겠다며 그를 협박한다. 결국 두 사람은 결혼 후 '광분한 여자와 극도로 냉담한 남자'의 역할을 반복하며 살얼음판을 걷는 삶을 살았다. 그러던 어느 날 류수펀이 우물에 뛰어들어 자살하면서 두 사람의 관계는 산산조각 났다.

류수펀과 같은 무력한 사람들은 자신의 희생으로 상대방의 사랑을 얻으려고 한다. 하지만 상대는 진심으로 사랑하지 않았으며 그저 죄책감을 덜기 위해 그녀와 함께했을 뿐이었다.

미국의 심리학자 매슬로Abraham H. Maslow는 "자신이 겪은 기쁨의 경험을 중요하게 생각하지 않고 '타인의 인정을 받는 선택'을 계속한다면 결국 기쁨이 무엇인지를 체험하지 못할 것이다"라고 말했다.

미국의 심리학자 롤로 메이Rollo Reece May도 비슷한 주장을 했다. "항상 표면적인 요구에만 순종하는 것은 행복을 얻을 힘마저 저버린다는 것을 의미한다."

한 사람이 자신에게 줄 수 있는 가장 큰 선물은 '자기 자신을 사랑하고 존중하는 것'이다.

사람의 내면적 각성은 고통에서 시작된다. 사회 문명의 발전도 고통을 딛고 발돋움하기 시작했다.

고통의 가치를 알아보면 이는 소중한 선물이 되지만, 그 가치를 무시하고 항상 피하기만 한다면 그저 단순한 고통으로 쌓여만 갈 것이다.

물론 자신의 슬픔과 상실에 마주하는 것은 쉬운 일이 아니다. 자신의 옆에 있는 사람이 '나쁜 부모'이며 '나쁜 동반자'임을 인정해야 하기 때문이다. 자기애가 극도로 강한 사람들은 이러한 '진실'을 쉽게 받아들이려 하지 않는다(물론 이것은 단지 부분적 진실에 불과할 수도 있다). "내 부모님이 '나쁜 부모'라고요? 전 인정 못 해요. 부모님이 완벽하지 않다면 전 다른 관계에서 완벽을 찾고야 말겠어요."

이렇게 되면 그들은 편집적인 환상에 빠져 이런 생각을 한다. '나는 세상 어딘가에 완벽한 관계가 있다고 믿어. 노력만 한다면 찾을 수 있을 거야.' 하지만 세상에 완벽한 관계란 없다.

편집적인 상태의 장점 중 하나는 상실감이나 슬픔에 동떨어져 있다는 것이다. 하지만 이런 상태에 있는 사람들은 오히려 분노를 더 많이 느낀다.

근본적인 슬픔에서 벗어나기 위해 가장 중요한 것은 자신의 상실감을 받아들이는 것이다.

슬픔과 무력감은 함께 나타나기도 한다. 비판하지 않고 온화하며 적극적인 태도로 자신의 슬픔과 무력감을 받아들이는 법을 연습해야 한다. 자신에게 이렇게 말해 보자.

"세상은 완벽하지 않고 나도 완벽하지 않다. 그렇다고 해서 나에게 행복과 희망을 추구할 능력이 없는 것은 아니다."

자신의 슬픔과 무력감을 받아들이면 놀라운 해방감을 느끼게 된다. 더 이상 긴장, 절망, 좌절의 감정에 빠지지 않고, 자신이 누구인지 잊지 않으며, 자신에게 속하지 않는 것을 강요하지 않을 것이다. 또한 나 자신을 재정비하면서 나의 생각, 관심사, 친구, 가족, 희망 등 나에게 정말로 중요한 것들을 돌아보게 될 것이다.

- 준비물 : 펜과 노트

- 소요 시간 : 15~30분

15~30분 동안 방해받지 않는 시간을 준비하자. 지금은 오롯이 자신을 사랑하는 시간이다. 우리 함께 내 마음을 돌보는 시간을 가져보자.

슬픔과 무력감을 경험한 적이 있는가? 그 느낌은 어땠는가? 그때 무슨 일이 있었는가?

마음속에 당시의 이미지나 단어가 떠오르면 그것을 글로 표현해 보자.

나의 슬픔이나 무력감과 편안한 대화를 나눌 수 있다면, 그들에게 무슨 말을 하고 싶은가? 그들은 어떻게 대답할까?

고독과 공허함:
가짜 온기를 얻기 위한 희생

06

우리가 앞에서 다루었던 감정들이 무거웠다면, 이번 장에서는 가벼우면서도 흐릿한 감정들을 살펴보고자 한다. 이 감정들은 그림자처럼 형체도 없고 붙잡을 수도, 가까이 접근할 수도 없지만 언제 어디서나 존재한다.

우리는 주변에서 남들보다 철이 일찍 든 아이들을 쉽게 볼 수 있다. 유독 어른스러운 아이들은 남모를 슬픔과 아픔을 갖고 있다. 다른 사람의 기분이나 주변 분위기를 잘 파악하고, 모든 면에서 야무지게 행동하는 아이들을 보며 우리는 "철들었다", "어른스럽다"라고 말한다. 이는 많은 부모들이 원하는 자녀상이라고도 할 수 있다.

그러나 아이가 일찍 철드는 것은 아이의 내면에서 비롯된 것이 아니라 부모의 압박으로 만들어진 것이다. '철든 아이=좋은 아이'라고 생각하게 된다면 철든 행동은 그저 부모의 비위를 맞추기 위한 수단이 될 수도 있다.

어느 날 한 여성이 나를 찾아와 이렇게 말했다. "전 어릴 적 한 아이가 우리 집에 놀러 왔을 때의 그 날을 아직도 생생하게 기억해요. 그때 엄마는 저에게 그 아이와 장난감을 같이 갖고 놀라고 말했어요. 그 아이는 어린 동생이자 손님이니, 주인인 제가 장난감을 공유하지 않는 것은 매우 무례한 행동이라고 윽박질렀죠. 엄마의 이 말이 저에게는 너무 큰 스트레스였어요. 내가 아끼는 장난감을 함께 갖고 놀기 싫었지만 어쩔 수 없었어요. 엄마 말을 듣지 않으면 엄마는 온갖 방법을 써서 나를 압박할 테니까요. 사실 그때 저는 누가 내 장난감을 만지는 게 정말 싫었고, 내가 원하는 것이 무엇인지 확실히 알고 있었어요. 하지만 커가면서 저도 모르게 점점 둔감해지기 시작했어요. 이제는 내가 정말로 무엇을 원하고, 무엇을 좋아하는지도 잘 모르겠어요."

그 여성은 일찍 철든 아이로 어른스럽게 자라왔지만 점점 자기 자신을 잃어갔다. 그녀는 부모님이 원하는 좋은 대학에 입학하여 부모님이 선택한 전공을 공부했다. 대학 졸업 후, 그럴듯한 회사에 입사했지만 무디고 둔감한 성격 탓에 사람들과 교류하는 것이 늘 버거웠다.

그녀는 어떤 관계에서든 상대에게 쉽게 휘둘리며 항상 상대의 감정을 우선시했다. 원하지 않는 일을 늘 도맡아서 하던 그녀는 어느 날 깊은 피로감과 알 수 없는 답답함을 느꼈다. 그러다 문득 자신이 그동안 다른 사람의 눈치만 보며 살아 왔다는 사실을 깨달았다. 그 여성은 내 맘대로 살고 싶다는 생각이 들 때마다 어머니의 모습이 떠올라 욕구를 짓눌렀다. 그녀는 그 트라우마 때문에 자신의 내면의 목소리에 충실할 수 없었던 것이다. 어릴 적 다른 사람이 자신의 소중한 장난감을 만지는 것이 끔찍이 싫었지만 억지로 공유했던 것처럼, 그녀는 어른이 된 후에도 자신이 진정 원하는 것을 입 밖에 내지 못했다. 줄곧 부모님의 눈에 어른스럽고 남다른 아이로 보이기 위해 노력해 온 삶은 정상적인 정서 발달에 심각한 영향을 미쳤다. 그녀는 이제 어엿한 어른이 되었지만 내면에는 여전히 겁 많고 다른 사람의 눈치만 보는 가여운 아이가 갇혀 있었다. 그녀는 자신을 위한 삶을 사는 것도, 타인과의 관계를 발전시키는 것도 힘겨워했다. 어둠의 무덤 속에 갇힌 것처럼 언제쯤 해가 떠오를지 그저 막막할 뿐이었다.

아이들이 부모라는 공포에 굴복하기 시작하면 내면의 순수함과 용맹함은 사라진다. 그리고 아이들은 도구가 되어 부모가 원하는 모습으로 만들어진다. 만약 부모가 자녀의 이러한 고통을 진작 알았다면, 지금처럼 아이에게 엄격한 잣대를 들이밀었을까?

인간의 존재의 의미와 무의미함, 절망 등을 다루며 암울한 분위기를 전하고 있는 T.S.엘리엇의 작품 중에 '공허한 인간The Hollow Men'이라는 시가 있다. 여기서의 '공허한 인간The Hollow Men'이라는 말은 이러한 상황에 처한 아이들을 생생하게 묘사하고 있다. 능력은 뛰어나지만 마음은 텅 비어 있는 아이들, 자신은 언제나 자신이 아니었던 가여운 아이들 말이다.

양육자는 아이에게 꿈처럼 행복한 어린 시절을 선사할 수도 있고, 평생 짊어져야 할 부담을 줄 수도 있다. 그러므로 양육자는 손에 쥐고 있는 권력을 더욱 신중하게 사용해야 한다.

모순적이지만 가장 기본적인 갈등, 외로움

남의 비위를 맞추는 사람의 고독과 공허함은 매우 깊은 곳에 숨겨져 있다. 그들은 다른 사람들과 있을 때면 외로움을 숨기고 사람들과 함께 웃고 떠들며 체면을 세우는 말이나, 진부한 농담을 하기도 한다. 그들은 집단 속에 녹아들고 타인의 관심과 사랑을 받기를 원하기 때문에 그들의 고독과 공허함이 겉으로 쉽게 드러나지 않는다. 하지만 적막한 집으로 돌아와 혼자 있는 순간이 되면 꾹꾹 눌러왔던 고독과 공허함이 사방에 아득하게 깔린다.

어느 날 한 젊은 여성이 나를 찾아왔다. 그 여성은 친구의 초대를 받을 때마다 망설임 없이 승낙하고, 모임에 가면 어떤 말을 해야 분위기를 맞추고 상대를 기분 좋게 만들 수 있을까 하는 생각만 한다고 한다. 그러다 모임이 절반 정도 진행되면 그녀의 인내심은 바닥이 나고, 이제 그만 자리를 떠나고 싶다는 생각이 절실해진다. 그럴 때면 그녀의 귓가에 공포가 속삭이는 소리가 들린다. "네가 지금 떠나면 너는 친구들에게 버려질 거야."

그녀는 처음에는 외롭기도 하고 친구들과 함께하고 싶어서 고민 없이 초대를 승낙했지만, 방어적인 태세로 늘 남의 비위만 맞추다 보니 금방 지쳐 버리곤 했다. 그렇다고 모임 중간에 가버리면 친구들이 실망해서 다음부터는 자신을 끼워주지 않을 것 같았다.

그래서 그녀는 쉬고 싶다는 마음을 억누르고 언제나 모임이 끝날 때까지 안간힘을 다해 버텼다. 그렇게 집에 돌아오면 길게는 일주일 정도의 회복 기간이 필요했다. 그녀는 자신이 왜 이렇게 살아야 하는지, 왜 이렇게 무능한지 늘 스스로 원망하고 미워했다.

관계에서의 감정 소모가 심해지자 그녀는 점차 사람들과의 모임에 반감을 느꼈고 심지어 모임에 가는 사람들 자체를 싫어하기 시작했다. 그녀는 그들의 모든 행동과 말 하나하나가 자신을 손가락질하고 있다는 착각에 빠졌다.

타인과의 관계에 대한 적대감과 거부감이 점점 거세지면서, 그녀는 더 이상 자발적으로 친구들과 어울리지 않았고, 친구들도 그녀와 약속 잡는 것을 꺼리기 시작했다. 결국 그녀와 친구들과의 관계는 점차 소원해졌고 그녀의 삶은 다시 외로운 적막감이 감돌았다.

나는 그녀에게 물었다. "이게 당신이 원하던 삶인가요?"

그녀는 이렇게 대답했다. "어떤 부분은 그렇죠. 더 이상 남의 비위를 맞출 필요가 없으니까요. 저는 마음의 문을 닫아버렸지만 모든 사람이 떠난 것 같아 외롭긴 해요. 제가 혼자 있는 시간을 잘 즐기는 편도 아니거든요. 혼자 있는 시간이 너무 괴롭고 주위에 아무도 없으니 늘 휑하고 싸늘한 느낌이에요. 어딜 가든 막막한 어둠뿐인 것 같죠. 그래서 전 이 공허함을 먹는 걸로 해소해요. 배불리 먹으면 잠시나마 마음의 위안을 받을 수 있거든요. 그리고 저는 애착 인형이 많아요. 푹신한 인형들을 안고 있으면 마음이 조금 나아지기도 해요."

카렌 오니는 "외로움은 다른 사람들과 처음 접촉할 때 나타나는 모순적인 태도이자, 가장 기본적인 갈등이다"라고 말했다. 그래서 사람들은 남들과 거리를 두면 내면의 갈등을 진정시킬 수 있다고 생각하게 된다.

그녀의 어릴 적 부모님은 일이 너무 바빠서 늘 정신없이 살았기 때문에 그녀를 따뜻하게 돌봐줄 여력이 없었다. 기억을 더듬어보면 부모님은 어린 그녀를 친척 집에 맡기는 일이 빈번했다. 그리고 학창시절에는 하굣길에 집 창문에 불이 켜져 있기만을 간절히 바라곤 했다. 집 앞에서 하염없이 기다려도 부모님은 늘 어두운 밤이 돼서야 돌아오셨고, 그럴 때마다 그녀는 자신이 너무도 하찮은 존재로 느껴졌다.

그녀는 어른이 되었고 부모님도 나이가 드셔서 늘 집에 계시지만, 이제 그녀는 더 이상 부모님과 함께 하는 것을 원하지 않는다. 그리고 밤에도 항상 불을 환하게 켜놓고 잠을 자곤 한다.

그녀는 이런 꿈을 꾼 적이 있다. 매우 어둡고 거대한 공간에 혼자 있었는데 자신이 너무 낮은 곳에 있어서 한참을 기어 올라가도 끝이 보이지 않았다. 그곳에는 그녀 자신과 어둠 이외에는 아무것도 없었다. 마치 커다란 무덤 속에 갇힌 것처럼 무서웠지만 아무리 기어도 그곳을 벗어날 수 없었다.

아마 그녀는 부모님에 대한 기대를 저버린 지 이미 오래일 것이다. 그녀는 혼자 버텨내는 것을 선택했지만 모든 것을 스스로 감당하기엔 여전히 너무도 버겁다.

탯줄을 끊듯 관계를 끊는 부모에 의한 고독

행복한 사람들은 주변 사람들과 다양한 만남으로 연결되고 이러한 만남을 즐긴다. 그런데 이 여성은 만남 속에서 행복보다는 오히려 공허함을 느꼈다. 그것은 아마도 그녀의 내면에 사랑이 존재하지 않기 때문일 것이다. 그녀는 공허함으로 말미암은 결핍 때문에 수많은 관계에서 쉽게 자신을 희생하며 남의 비위를 맞췄고 이렇게 해서 가짜 온기라도 느끼길 원했다.

그러나 이것은 신용카드를 번갈아 사용하며 이용액을 메꾸는 것처럼 일시적인 해결책일 뿐이지 근본적인 공허함이 채워지지는 않는다.

금세 식어버린 가짜 온기에 실망을 거듭한 그녀는 새로운 돌파구를 찾아냈다. 그것은 바로 폭식이었다. 그녀는 힘들 때마다 많은 음식을 먹으면서 심리적 포만감을 느끼려고 했지만 그녀의 몸은 반복되는 과식과 폭식을 감당할 수 없었다.

또한 그녀는 인형을 매우 좋아했다. 인형은 그녀의 마음속에서 언제나 자신의 곁을 지키는 어머니와 같은 존재였다. 때로는 이러한 대체품이 고통을 완화해 주기도 했지만, 계속 다른 사람과의 관계를 거부했기 때문에 내면의 고독감은 사라지지 않고 계속 그녀를 괴롭혔다.

그녀가 다른 사람과 친밀한 관계를 맺고자 하는 욕구는 오래전부터 억눌려왔다. 처음에는 부모님에 의해 억압되었고, 나중에는 습관적으로 무의식중에 자신을 억압했다. 그녀는 타인과의 연결에 대한 자신의 갈망을 못 본 체했고, 자신의 내면의 목소리를 잊고 살았다.

인간은 자기 자신의 내면세계와 연결이 끊겼을 때 가장 깊은 고독에 빠진다. 연결의 매듭을 가장 먼저 만드는 역할은 부모이며 아이들은 자연스럽게 연결을 갈망하게 된다.

애착 형성이 잘 이루어진 보호자와 아이의 관계(일반적으로 어머니와 자녀의 관계)는 아이가 자신의 내면세계와 연결하는 능력을 키우는 밑거름이 된다.

이 단계에서 좋은 호응과 돌봄을 받은 아이는 자신이 매우 귀중하고 사랑받는 존재라고 느끼며 단단한 땅 위에 안정적으로 서 있는 듯한 느낌을 받는다. 또한 성장하는 과정에서 어떤 위기를 겪는다고 해도 어머니와의 양질의 관계가 기반이 되므로 충분히 위기를 이겨낼 수 있고, 자신의 내면과의 연결 또한 쉽게 끊어지지 않는다.

초기 발달 단계에서 큰 좌절을 겪으면 아이는 고독을 너무 빨리 경험하게 된다. 그러면 아이는 부모에 대한 신뢰를 접고 내면과의 연결을 끊으면서 이 신뢰와 기대의 방향을 외부로 돌린다.

타인에게 사랑을 받으며 안정감을 느끼길 원하는 성향은 남의 비위를 맞추는 사람들에게서 흔히 볼 수 있다.

부모와의 연결이 실패로 끝난 고통스러운 경험은 사회생활에서 초기 관계를 형성하는 데 큰 영향을 미친다. 그래서 그들은 자신의 부모와 유사한 특징을 가진 사람들에게 더 쉽게 끌리곤 한다. 고독의 고통을 상쇄하기 위해 부모와 '닮은 꼴'인 사람들에게 사랑을 갈구하지만 이러한 방식은 매우 위험하다. 우리가 흔히 '나쁜 남자', '나쁜 여자'라고 부르는 착취자들을 만날 가능성이 높기 때문이다.

물론 이러한 관계에서 그들은 언제나 약자다. 관계를 맺기 위해 쏟았던 노력이 수없는 실패와 좌절로 돌아오면서 그들은 점점 더 고독해진다. 하지만 마음속 깊은 곳에서 사랑과 보살핌에 대한 열망은 쉽사리 꺼지지 않는다. 실낱같은 희망이라도 보이면 그들은 모든 것을 내걸고 달려든다.

어떤 사람들은 상대가 나에게 조금이라도 친절을 베풀면 최선을 다해 보답하고 헌신도 감내할 줄 아는 것이 진정한 사랑이라고 생각한다. 그러다 이 관계가 소원해지면 그들의 마음속에는 형용할 수 없는 공허함이 생긴다. 이 '고독의 공허함'은 쉽게 채워지지 않아 매우 깊은 사랑과 이해, 관심이 필요하다.

감정적인 교류가 원활하고 안정감을 주는 상대를 찾으면 고독함과 공허함은 치유 받을 기회를 얻게 된다.

실제로 주변에 훌륭한 배우자를 만난 후 양질의 관계를 형성한 사람들도 많다. 하지만 그들의 마음 한편에는 여전히 치유될 수 없는 고독함이 존재하고 때로는 불가피하게 궁극적인 고통과 마주하며 이렇게 대화한다.

'어렸을 때 나는 이렇게 사랑받은 적이 없잖아.'

이는 반드시 고독함을 치유해야 한다는 의미가 아니다. 철학자들은 항상 사람은 원래 고독한 존재라고 말한다. 나 역시 어떤 차원에서 사람은 고독하다고 생각한다. 하지만 내가 앞서 언급한 고독은 인생 초기에 받은 상처로, 마음속 깊이 각인되어 끝없이 절망을 느끼게 하는 것을 의미한다.

나는 관계의 본질을 깨닫고 새로운 관계를 만들고 확장한다면,

숨어 있던 절망이 모습을 드러내고 치유 받을 수 있다고 확신한다.

아이가 진심 어린 사랑의 눈길을 받고 타인의 눈 속에서 자신의 아름다움을 발견할 때, 자신의 내면과 연결되는 통로가 열린다. 이를 통해 '나와 너'의 관계가 맺어지고, 이 관계는 '나와 나 자신'과의 관계를 구축하는 밑거름이 된다. 이때 고독은 자신을 보살피는 강력한 힘으로 탈바꿈한다.

최악의 너라도 붙잡고 싶은 '최후의 카드'

이제 또 다른 유형의 무서운 고독에 대해 이야기하고자 한다.

우리네 인생은 서글프고 안타까운 이야기로 가득하다. 이야기의 주인공들은 사람의 선의와 악의를 구별할 줄 모르고 그저 사랑만을 원한다. 그러다 상처를 입어도 상대를 떠나지 못하고, 호기롭게 떠난다 해도 이내 자세를 낮추고 다시 돌아온다.

그들에게 왜 그런 삶을 사는지 물어보면 그들은 공통적으로 한 가지 고통을 언급한다.

"함께 할 사람이 없어서 너무 외로워요. 하루하루를 겨우 버티고 있는 것 같아요."

"그 사람이 나를 심하게 대하는 건 알지만 그와 함께 있을 때면 좀 나아지는 느낌이 들어요. 최악의 관계라도 해도 아예 없는 것보다는 낫지 않을까요."

"혼자 있으면 마음속이 텅 빈 것 같고, 저 자신이 버려진 아이처럼 느껴져요. 이런 감정은 정말이지 너무 괴로워서 빨리 떨쳐내고 싶죠. 다른 사람과의 관계가 없으면 저는 저 자신이 누구인지도 확신이 서지 않아요. 내가 지금 어디에 있고, 무슨 생각을 하고 사는지도 모르겠어요."

그들은 다른 사람과의 관계가 없으면 자신도 존재하지 않는다고 생각한다.

관계는 하나의 그릇과 같다. 비록 낡고 허름한 그릇일지라도 어쨌든 그릇인 것이다.

사람이 기본적인 소속감을 느끼기 위해서는 '공간'이 필요하다. 이 공간은 자기 자신으로서의 주체성을 가질 때에만 존재하며, 다른 사람과의 관계가 없으면 이 공간은 존재하지 않는다. 외부와의 관계도, 내면과의 관계도 없다는 것은 '나와 너'도 없고 '나와 나 자신'도 없다는 뜻이다. 이때 그들의 자아는 마치 흩어진 영혼의 조각처럼 세상을 떠다니며 한데 모이지 못하고 외로움에 허덕인다.

고독은 혼자만 동떨어진 것 같은 감정이다. 이런 고독이 찾아오면 자신은 아주 하찮고 가치 없는 존재이며 철저히 버림받았다고 느낀다. 반면 두 사람이 함께 있을 때는 조화롭게 융화된 느낌, 즉 공생하고 있다는 느낌을 받는다. 이 감정은 너와 나의 구분이 없으며, 네 것은 나의 것이고, 나의 것은 네 것이 된다. 사람은 특히 심적으로 나약해졌을 때, 공생이 주는 힘과 희망을 경험할 수 있다.

하지만 타인과의 융화에 대한 갈망과 융화가 가져오는 이점만을 좇다 보면 장기적이고 과도한 부작용을 간과하게 되곤 한다. 상대가 나를 진심으로 존중하지 않거나 나에게 상처를 주는 상황일지라도, 아주 큰 상처가 아니라면 이 관계를 쉽게 끝내려 하지 않는다. 이러한 상황은 더욱더 비극적이다. 상대방이 자신을 떠나는 것이 두려워 그에게서 받는 상처를 묵묵히 참고 견뎌내기 때문이다. 그러나 상대가 떠나지 않는다고 해도 이 또한 잠시일 뿐이다.

남의 비위를 맞추는 사람과의 관계에서 상대는 쉽게 싫증을 느끼고 내면에 있던 '가해자'의 본능이 깨어나기도 한다. 이렇게 되면 두 사람의 관계는 가해자와 피해자의 관계로 전락하게 되고 만다.

고독과 공허함은 매우 깊은 차원의 결핍이다. 사람들은 이 결핍을 메우기 위해 과도한 헌신을 선택하기도 한다. 그들의 내면에는 '내가 더 많이 헌신할수록 상대방은 나를 더 의존할 거고, 내가 버려지지도 않을 거야'라는 신념이 있기 때문이다. 상대방이 결핍된 사랑을 채워주길 간절히 바라는 마음에서 자신의 헌신으로 상대방을 붙잡는 '최후의 카드'를 쓰게 된다.

지금쯤이면 자신도 모르게 절망과 무력감을 느끼고 있는 사람도 있을 것이다. 혹시 지금 그런 감정을 느낀다면 그것은 매우 정상적인 반응이다. 인간은 감정을 가진 존재이기 때문이다. 그런데 만약 온종일 또는 며칠 동안 이러한 감정에서 벗어나지 못한다면, 그것은 아마도 그동안 '남의 비위를 맞추며 희생한 나'라는 도화선에 불이 붙어서일 것이다. 이럴 때는 자신을 안정시키고, 그 강렬한 감정에 휘말리지 않는 것이 중요하다. 그리고 제3자의 관점으로 현재 자신의 감정과 생각을 차분히 관찰해야 한다.

어떤 감정이 생겼을 때 지나치게 긴장하지 말자. 우리는 인간이기에 다양한 감정을 경험할 수밖에 없다. 감정은 하나의 경로와 같아서 그것을 잘 활용하고 이해할 수 있도록 자신에게 기회를 주어야 한다. 이러한 감정에 매몰되지 않고 자연스럽게 연결된다면 진정한 해결책을 찾을 수 있을 것이다.

내면의 쉼표를 찾는 여정

- 준비물 : 펜과 노트
- 소요 시간 : 15~30분

　우리는 본문에서 남의 비위를 맞추는 성향의 내적 감정에 대해서 살펴보았다. 아마도 이에 대해 새로운 시각과 태도로 성장의 여정을 시작한 사람도 있을 것이고, 여전히 혼란 속에 빠져 있거나 생각이 더 복잡해진 사람도 있을 것이다. 이 모든 것은 정상적인 반응이며 좋고 나쁨, 옳고 그름의 기준도 없다. 모든 감정을 삶의 소중한 경험이라 생각하고 이를 두 팔 벌려 환영해 보는 것은 어떨까.

　앞의 연습 활동과 마찬가지로 15~30분의 방해받지 않는 시간을 준비하자. 우리 함께 내 마음을 돌보는 시간을 가져보자.

　고독과 공허함을 느낀 적이 있는가? 어떤 경험이었는가? 그때 무슨 일이 있었는가?

　있는 그대로를 충분히 생각하고 감정을 느낀 후에 그것을 글로 옮겨보자. 어떠한 판단도 내릴 필요는 없다.

　만약 자신이 느낀 고독이나 공허함과 편안한 대화를 나눌 수 있다면, 그들에게 무슨 말을 하고 싶은가? 그들은 어떻게 대답할까? 이를 계속 글로 적어보자.

2부

사고(思考) 편 :
관계의 5가지 논리에 대한 고찰

남의 비위를 맞추는 행동의 특과 실

이번 장에서 우리는 남의 비위를 맞추는 행동의 특성을 이해하기 위해 몇 가지의 사고와 상상력을 동원해야 한다.

먼저 남의 비위를 맞추는 성향과 관련된 행동 패턴, 사고 논리 및 가정환경의 영향에 대해 공유하고자 한다. 남의 비위를 맞추는 성향을 탈피하기 위해서는 우선 그 사고방식을 파악해야 하는데, 이는 정서적인 경험을 깊이 이해하는 것과 마찬가지로 중요하다.

우리가 어떠한 상황에서 특정 감정과 반응을 보이는 이유, 그리고 그 반응 뒤에 있는 환상과 논리를 이해하면 고착된 관념을 찾아내고 이를 깨뜨릴 기회를 얻게 된다.

남의 비위를 맞추는 성향이 아무런 이유 없이 생기진 않는다. 존엄하게 살 수 있는 환경에 있는 사람이라면 그 누구도 자기 비하에 빠져 살지는 않을 것이다. 남의 비위를 맞추는 행동 뒤에는 분명히 많은 이유가 있으며, 이러한 행동의 필연성을 이해하기 위해 우리는 몇 가지 사항에 초점을 맞추려 한다.

또한 누군가 어떤 행동 패턴을 반복할 때, 그 행동의 당사자는 반드시 이 과정에서 특정한 이익을 얻게 된다는 점을 주목할 필요가 있다. 사람들은 보통 '남의 눈치 보며 비위 맞추는 사람'을 피해자로 인식하고 그 사람에게 피해자의 사고방식을 대입하여 분석한다. 하지만 이는 오해를 불러일으키기 쉽고, 결과적으로 모든 책임은 타인에게 있다는 잘못된 판단을 내릴 수도 있다. 그러면 우리는 관계의 문제를 다차원적으로 볼 수 없게 되고, 스스로 변화하는 데 소요되는 시간도 그만큼 늘어난다. 무릇 관계라는 것은 쌍방 또는 다수가 '공모'하여 만들어낸 에너지의 합작품이다.

지금부터는 남의 비위를 맞추는 성향이 개인에게 미치는 영향을 살펴볼 것이다. 그 전에 먼저 이 '공모 관계'의 손실과 이득에 대해 이야기해 보겠다.

첫 번째 손실 : 자아의 양보

두 사람의 관계에서 한쪽이 늘 다른 한쪽의 비위를 맞춘다면, 이 두 사람의 지위와 힘의 균형은 현저한 격차를 보이게 된다. 상대적으로 약자인 쪽은 자신이 원하는 바와 감정을 억누르며 늘 상대방

위주의 행동을 한다. 게다가 그들은 대부분 자신이 상대의 비위를 맞추고 있다는 사실조차 인식하지 못한다. 그래서 우리는 먼저 남의 비위를 맞추는 행동의 숨은 동기와 관념을 이해해야 한다.

어느 한 여성은 누군가와 교제를 시작하면 항상 매우 열정적이고 다정하며 상대방이 원하는 것을 쉽게 알아차린다. 초반에는 이렇게 자신의 모든 마음을 상대에게 쏟지만, 시간이 지날수록 점점 지쳐가는 자신을 발견하게 된다. 그럴 때면 자기 자신이 내가 아닌 남을 위해 사는 것 같다는 회의감이 들기도 한다. 이것이 바로 힘의 균형이 깨져 자아를 잃어버린 첫 번째 손실이다.

두 번째 손실 : 에너지 소모

혹시 '나는 누구를 위해 사는 걸까?'라는 의문을 가진 적이 있는가?

만약 여러분이 자신을 위해 살고 있다면 자신이 하는 모든 일은 에너지와 희망으로 가득 차 있을 것이다. 반면 타인을 위해 살고 있다면 언제나 자아를 희생하고 정체성 없이 남에게 전적으로 의존하며, 내가 아닌 타인에게 희망과 행복에 대한 기대를 걸고 있을 것이다.

다시 한번 곰곰이 생각해 보자. 나는 정말로 다른 사람을 위해 사는 걸까? 사실은 그렇지 않다. **아마도 여러분은 '두려움을 극복하기 위한 삶'을 살고 있을 것이다.** 혹시 다른 사람이 자신을 어떻게 평가할지 두려워 좋은 평가를 받으려고 애써 열심히 살고 있지는 않은가?

예를 들어 상대방이 평소에 매우 침착한 나의 성격을 좋아하고 늘 이점을 칭찬한다고 생각해 보자. 그렇다면 내가 침착하게 행동하는 이유는 상대방이 침착한 나를 원하고 내가 상대에게 칭찬받고 싶어서일 것이다. 이렇게 하면 나 자신의 두려움도 줄어드니 한결 마음도 놓일 것이다. 설사 상대방이 침착한 나를 원한다고 해도, 내가 반드시 어떤 상황에서든 침착한 사람이 되어야만 하는 걸까? 나는 왜 그렇게 행동했을까? 우리는 이 같은 질문을 끊임없이 자문해야 한다.

위의 두 가지 손실은 남의 비위를 맞추는 사람이 얻는 두 가지 이득과 대응된다.

첫 번째 이득 : 상대의 인정을 받는다

자신을 보호하기 위해 늘 양보하지만, 이는 사실 자신을 상처 입히는 것과 다름없다. 스스로 힘을 약화시켜 상대의 보호를 유발함으로써 자신을 더 작게 만드는 것이다. 물론 이것을 하나의 이득으로 볼 수도 있다. 자신을 나약하게 만들면 상대가 경계를 늦추고 동정심을 느끼게 되고, 이로써 자신은 위험에서 멀어지기 때문이다.

남의 비위를 맞추는 사람이 좋은 평가를 받고자 애쓰는 이유는 내면에 공허함 때문이다. 그들은 자신을 지나치게 저평가하고 늘 부족하다고 생각한다. 사람은 자신의 힘이 부족하다고 느끼면 자연스럽게 외부에서 힘을 보충하려고 하기 마련이다.

그들은 다른 사람의 칭찬을 듣거나 "잘했어! 대단해!"라는 긍정적인 피드백을 받으면 자신이 해낸 모든 행동이 가치 있다고 생각한다. 이는 그들이 내면적으로 결핍을 느끼고, 얻지 못하는 것에 대해 늘 갈증을 갖기 때문이다.

평등한 대인관계에서 받는 칭찬은 에너지를 주며 마음속에서 우러난 기쁨을 느끼게 한다. 반면 양측이 불평등한 위치에 있을 때, 약자가 받는 칭찬은 살기 위해 잡아야 하는 지푸라기 같은 희망이다. 그들은 타인의 인정을 받지 못하면 살 수 없다고 느낀다.

대부분의 불평등은 남의 비위를 맞추는 사람이 자신을 상대보다 더 낮은 위치에 두기 때문에 발생한다. 상대방은 전혀 그렇게 생각하고 있지 않다고 해도 그들의 마음은 편치 않다. 그들은 상대에게 자신이 원하는 인정과 칭찬을 받지 않으면 관계에 회의를 느끼고 관계를 자발적으로 끝내고 싶어 하기도 한다.

인정받는다는 것은 그들에게 너무도 중요하기에, 그들은 자신이 인정받을 수 있는 관계를 찾아 정처 없이 헤맨다. 때로는 마치 도박에 빠진 사람처럼 위험을 감수하고 망설임 없이 모든 것을 내걸기도 한다. 내면의 공허함이 주는 고통이 클수록 상대의 인정을 얻기 위해 위험을 감수하겠다는 의지가 더욱 거세지기 때문이다.

'인정받기 위한 관계'의 패턴을 명확하게 인식하면 자신의 위치도

인지할 수 있다. "나는 어디에 있는가? 나는 이렇게 행동한 적이 있는가?" 이러한 자기 위치 확인은 매우 중요하며, 이를 정확히 파악해야 기존의 패턴을 깨고 새로운 관계 패턴을 구축할 기회가 생긴다.

두 번째 이득 : 내면의 불안감을 해소할 수 있다

남의 비위를 맞추는 사람은 자신이 나약하다고 생각하기 때문에 통제력을 상실한 느낌을 자주 받곤 한다. 바깥 세계는 변화무쌍한데 자신이 제어할 수 있는 것은 극히 적다고 느끼는 것이다.

사실 모든 사람은 통제력을 원한다. 젖먹이 아기는 보호자의 도움에 의존하면서 통제 능력을 기른다. 예를 들어, 젖을 먹고 싶을 때 울면 어른이 달려와 젖을 준다. 젖을 먹고 만족감을 느끼면 자신이 세상을 통제할 수 있다는 느낌을 받는다. 이는 '나는 할 수 있다'라는 내면적 경험의 시작이기도 하다.

아이가 성장하면서 근육이 점차 발달하면 다양한 동작을 할 수 있게 된다. 달리기, 구르기, 춤추기 등 신체의 발달은 자기 몸을 통제하는 능력을 강화시키고 몸은 더 유연하고 강해진다.

내면과 신체적 통제력은 동시에 발전한다. 신체적 통제력이 내적 통제력을 강화시키기도 하는데, 이는 안정감의 일부분이기도 하다. 중환자는 자신을 돌볼 수 없으므로 무력하고 비참한 기분을 자주 느낀다. 반면 자신의 일상생활을 스스로 제어할 수 있는 환자는 신체적 통제력을 잃지 않았기 때문에 내적 통제력을 상실했다는 느낌을 잘 받지 않는다.

내적 통제력은 자신의 감정을 얼마나 잘 통제하느냐에 달려 있다

아이들은 자신의 감정을 천천히 배우고 이해하는 과정이 필요하다. 마치 자연이나 자신의 신체를 알아가는 것처럼 감정과 공존하는 법을 배워야 한다. '진정한 통제'란 어떤 특정한 감정을 없애는 것이 아니라 감정이 찾아왔을 때 잘 대처할 줄 아는 것이다.

남의 비위를 맞추는 사람의 내면에는 두려움에 떨고 있는 아이가 살고 있다. 그 아이는 부모에게 위험과 공포에 대처하는 법을 배우지 못했고, 그저 남의 비위를 맞추며 목적을 이루는 법만 배웠다. 예를 들어, 부모님에게 혼날까 봐 늘 전전긍긍하며 지내던 아이는 어느 날 자신이 얌전하고 순종적인 행동을 하자 부모님이 크게 기뻐하는 모습을 보았다. 부모님의 자상한 표정을 보자 아이의 마음속 두려움이 크게 누그러졌고, 무의식중에 이런 생각이 자리 잡았다. '내가 얌전하게 굴면 내면의 공포를 맞설 수 있고 통제력을 갖게 되는구나!'

자신이 원하는 것을 얻는 방법을 알고 타인에게 자신이 원하는 피드백을 받는 방법을 알 때, 그 사람의 통제력은 더욱 강해진다. 내적 통제력의 강화는 신체적 통제력이 강해질 때와 마찬가지로 안정감을 가져온다. 이는 남의 비위를 맞추는 사람이 자신의 행동 습관을 계속 고수하려고 하는 이유 중 하나이기도 하다.

이러한 통제력의 발달은 긍정적인 영향을 가져오지만, 그 이면에 또 다른 위험을 내포하고 있음을 기억해야 한다. 그 위험은 바로 다른 사람에게 거의 의존하는 삶을 산다는 것이다. 나는 상대방이 나를 어떻게 생각하는지 결정할 수 없으며, 아무리 잘해도 상대방이 내가 원하는 반응을 보이지 않을 수도 있다. 설사 지금 상대가 내가 기대한 반응을 했다고 하더라도 앞으로도 계속 그럴 것이라는 보장이 없다.

이 같은 통제력은 빈틈이 많고 견고하지 않다. 이것이 바로 사람들이 상대방을 만족시키려고 노력하면서도 여전히 안정감을 얻지 못하는 이유이다.

진정한 통제력은 내면에서 비롯되며 자기 자신을 깊이 받아들일 때 만들어진다.

사실 이것을 실행에 옮기기는 쉽지 않다. 남의 비위를 맞추는 사람은 대부분 자신을 미워하고 거부하기 때문에 자신을 받아들이는 일을 타인에게 전가하곤 한다. 그리고 그들에게 좋은 반응을 받으면 그제야 자신이 받아들여졌다는 만족감을 느낀다.

남의 비위를 맞추는 사람은 관계를 잃는 것을 가장 두려워하기 때문에 관계를 구축하는 것이 궁극적인 목표라고 할 수 있다. 그들의 모든 행동은 오로지 사랑받고, 사랑을 유지하고, 이를 증명하기 위함이다.

그들은 자존감이 너무 낮아서 상대가 "너는 좋은 사람이야"라고 말해도 믿지 못하고, 때로는 본능적으로 거부하며 관계를 멀어지게 만들기도 한다. **상대방을 거부하는 것은 친밀함을 표현하는 방법을 모르기 때문이며, 사랑을 얻지 못해 느끼는 고통의 표현이다.**

> 남의 비위를 맞추는 사람은 종종 이 같은 딜레마에 빠진다 : 관계가 가까워지면 거부하고, 관계가 멀어지면 관계의 존재 자체를 느끼지 못하고 깊은 무력감을 느낀다.

이는 그들이 가장 두려워하는 상황이자 최악의 결과이기에 항상 이를 피하려고 안간힘을 쓴다. 어떤 사람들은 상대를 위해 모든 것을 희생하면서도 여전히 존중과 관심을 받지 못하기도 한다. 끊어진 관계에 대한 회의감과 고독감이 남은 희망을 거의 파괴하면, 그들은 그저 분노하고 절망할 뿐이다.

아무런 이유나 의미 없이 남의 비위를 맞추는 사람은 없다. 그 행동으로 얻는 이득을 이해하면 남의 비위를 맞추는 행동을 고집하는 데에는 마땅한 이유와 강한 동기가 있음을 알 수 있다. 또한 그 행동이 내적으로 취약한 부분을 어떻게 보호하는지도 알게 된다. 이는 우리 자신을 깊이 이해하고, 추후에 이 행동 패턴이 나타났을 때를 대비하는 데 도움이 될 것이다.

내면의 쉼표를 찾는 여정

- 준비물 : 펜과 노트
- 소요 시간 : 15~30분

지금까지의 달려온 자신에게 박수를 보내자. 여러분은 충분히 칭찬받을 만한 사람이다!

방해받지 않는 시간과 공간을 마련하였는가?

지금은 자신을 사랑하는 시간이다. 우리 함께 내 마음을 돌보는 시간을 가져보자.

이번 장에서는 남의 비위를 맞추는 행동의 손실과 이익에 대해서 살펴보았다. 이를 경험한 적이 있는가? 또는 이와 관련된 다른 경험을 한 적이 있는가?

자신의 느낀 점과 깨달음을 천천히 글로 적어보자.

순응과 순종:
네가 웃어야만
난 사랑을 느낄 수 있어

08

순응과 순종은 남의 비위를 맞추는 사람들이 가장 자주 사용하는 전략이며, 가장 간단하고도 활용하기 쉬운 전략이다.

어느 날 내 블로그에 한 여성이 다음과 같은 메시지를 남겼다

"제가 어렸을 때 저희 아빠는 성격이 불같아서 저를 자주 혼내셨어요. 저는 아빠에게 말 거는 것조차 두려웠고 애교를 부리는 건 상상도 못 했죠. 학교에서 선생님이 수업료를 내라고 말씀하셨을 때도 저는 아빠에게 달라고 말하지도 못하고 속으로만 끙끙 앓았어요. 그러다 거의 마지막 기한이 돼서야 벌벌 떨며 아빠에게 돈을 달라고 했죠. 어릴 적 저는 아빠가 너무 무서웠고, 작고 나약했기 때

문에 아빠의 비위를 맞추며 살 수밖에 없었어요.

저는 항상 제 목소리를 내지 못하고 아빠의 말에 순종했어요. 그래서 저는 어릴 때부터 늘 두려움과 긴장 속에서 살았죠. 그런데 어른이 된 지금도 다른 사람들의 기분을 좋게 만들려고 늘 웃는 얼굴을 하고 있어요. 전 왜 이러는 걸까요? 왜 남의 비위를 맞추며 사는 걸까요? 아마도 이게 습관이 된 것 같아요. 다 큰 어른이 되었으니 더 이상 두려워할 필요가 없는데 말이에요. 저는 제 감정과 생각을 당당하게 표현하고 진정으로 나를 위한 삶, 나를 사랑하는 삶을 살고 싶어요. 그리고 먹고 싶은 대로 먹고, 가고 싶은 곳에 가면서 자유롭게 인생을 즐기고 싶어요."

이 메시지는 남의 비위를 맞추는 사람의 내적 두려움을 잘 보여준다. 그녀는 반복되는 두려움 속에서 타인의 눈치를 살피고 자신을 숨기는 법을 배웠다. 이렇게 해야만 안심할 수 있기 때문이다. 그런데 이제 그녀는 삶이 너무 고통스러워 그 삶을 벗어나기를 간절히 원하고 있다.

또 다른 여성의 사례를 살펴보자. 그녀가 어렸을 적 그녀의 부모님은 자녀가 기대에 못 미치면 심하게 화를 내고 무시하며 시키는 대로 따를 것을 강요했다. 그녀는 이럴 때마다 극심한 두려움을 느꼈다. 그러다 문득 부모님이 원하는 대로 행동하기만 하면 기뻐한다는 사실을 알게 되었다. 부모님은 기분이 좋을 때면, 화를 내거나 자신을 무시하거나 인상을 쓰지도 않았다. 그녀는 이런 부모님을 보며 자신도 사랑받을 수 있고 부모님을 기쁘게 할 수도 있다고 생각했다. 그래서 그녀는 늘 눈치를 보면서 부모님이 원하는 대로 행동했다. 행복해하는 부모님을 보면 자신의 두려움도 사라지는 듯했다.

이러한 행동 패턴은 어린 시절부터 성인이 될 때까지 계속 이어졌다. 그녀는 커가면서 부모님의 비위를 맞추는 다양한 노하우를 쌓았고 그중 가장 유용한 것은 '무조건적인 순종'이었다.

오랜 시간이 지나면서 자신의 감정이 어떤지, 원하는 것이 무엇인지 점차 희미해졌고, 그저 말 잘 듣는 로봇 같은 존재가 되었다. 그녀는 그 긴 세월 동안 자신의 의지를 애써 억누르며 고통에 무감각해지는 연습을 해 온 것이다.

감정의 충격을 크게 받으면 사람들은 내적 통제력을 잃는다. 통제력을 상실한 사람들은 자기만의 새로운 사고방식을 만들어 자신의 지난날을 해석하고 스스로 상황을 통제하고 있다는 느낌을 받으려고 한다.

예를 들어 아이가 부모 앞에서 깊은 공포를 느낀다고 가정해 보자. 그 아이는 자신이 못났고 문제가 있어서 부모님이 자신을 그렇게 대한다고 생각한다. 특히 아이가 부모의 말에 순종할 때 부모가 유난히 기뻐하는 모습을 보이면 아이는 이러한 생각을 더욱 확신하게 된다. '그것 봐. 내가 평소에 말을 안 들으면 엄마·아빠는 나에게 마구 소리를 지르는데, 말만 잘 들으면 저렇게 좋아하신다니까. 엄마·아빠가 기분이 좋으면 난 무서울 게 없어.'

이러한 논리는 아이가 상황 판단을 하는 데 밑거름이 된다. 게다가 부모의 '협조', 즉 외부적인 실질적 근거가 있으므로 아이는 자신의 논리를 더 깊이 신뢰하고 계속해서 이 논리에 따라 행동하려고 한다.

이어서 이 논리가 어떤 가정에 적용되는지 살펴보자. 여러분도 이미 짐작했겠지만 이런 순응과 순종의 논리는 매우 폭력적인 가정에서 자주 나타난다. 이런 가정에서 아이는 두려움을 느낄수록 더 순종하게 되고, 순종할수록 두려움은 더 커진다. 두려움은 가장 불안한 감정이다.

> 남의 비위를 맞추는 사람은 대부분 '두려움'이라는 검은 그림자에 둘러싸여 있다.

이 검은 그림자의 원형은 우리의 부모일 수도 있다. 한 여성이 자신의 경험을 이야기했다. 어릴 적부터 거의 화를 내본 적이 없는 그녀가 어른들에게 가장 자주 들었던 말은 "착하다"였다. 그녀는 타인을 위해 생각하는 능력이 탁월하고, 모든 일에 꼼꼼하고 세심했기 때문에 주변 사람들에게 인기도 많았다.

이웃들은 그녀를 볼 때마다 똑똑하고 사랑스러우며 예의까지 바르다며 입이 마르도록 칭찬했다. 그런데 그녀는 언제나 칭찬을 받는데도 여전히 안정감이 느껴지지 않았고, 이 의문은 꼬리처럼 늘 따라다녔다. 그녀는 다른 사람과 함께 있을 때 항상 상대의 리듬을 맞췄고 자신의 의견이나 고집을 내세우지 않았다. 시간이 가면서 그녀는 이런 삶에 지쳐 갔고 사람들과의 만남을 피하기 시작하면서 점점 더 불행해졌다.

부모님은 언제나 그녀를 애지중지 아꼈고 때리거나 욕을 한 적도 없었다. 그리고 그녀 역시 부모의 말에 순종하는 '착한 딸'이었기에 모든 것이 완벽한 조화를 이루는 것처럼 보였다.

그런데 왜 이 여성은 사람들과의 관계를 거부하기 시작한 걸까? 나는 그녀의 다른 이야기를 듣기 전까지는 이를 이해하지 못했다.

그녀에겐 5살 많은 오빠가 있었는데 그는 어릴 때부터 집안의 말썽꾸러기였다. 아버지는 언제 폭발할지 모르는 불같은 성격이었지만, 어머니는 큰 소리 한번 낸 적 없는 온순한 분이었다. 아버지는 항상 오빠를 매우 엄격하게 훈육했으며 오빠가 밖에서 문제를 일으키고 오면 집에서 심한 체벌을 했다. 그녀는 하교 후 집으로 돌아왔을 때 이 체벌 장면을 자주 목격하곤 했다.

상상해 보자. 어린 소녀가 이런 장면을 보면 어떤 느낌을 받을까? 인간의 본능은 두려움이다. 이때마다 소녀의 마음 깊은 곳에서 이런 목소리가 들려왔다. '오빠처럼 되지 말아야 해!' 소녀는 왜 오빠처럼 되지 말자고 생각했을까? 아마도 그와 같은 대우를 받고 싶지 않아서였을 것이다.

소녀는 어린 나이에도 이미 잘 알고 있었다. 장난을 많이 치거나, 자신의 의견이나 진실을 말하거나, 자신이 원하는 대로 행동하면 집에서 사랑받지 못하고 미움 덩어리가 된다는 것을.

그녀는 부모님이 오빠처럼 자신도 싫어하게 될까 봐 늘 두려워했다. 부모님의 칭찬을 받고 이웃 사람들이 호감을 보일 때면 약간의 위안을 느꼈기 때문에 이 느낌을 계속 누리고 싶었다. 그래서 그녀는 남의 비위를 맞추기 위한 전략을 끊임없이 발전시키며 사람들과의 관계에서 그들이 좋아하는 것, 싫어하는 것에 늘 촉각을 곤두세우고 타인의 기준에 순응하려고 했다.

자신이 체벌받는 것과 형제가 체벌받는 것을 목격하는 것은 정신적 외상의 정도가 같다. 때로는 형제가 맞는 것을 목격하는 것이 더욱 심각한 결과를 초래하기도 한다. 폭력적인 행위를 목격하는 것은 마음속의 공포를 일깨우며, 자신도 맞을 수 있다는 두려움 때문에 공포감이 더욱 심해질 수 있다.

가정에서 한 구성원이 폭력을 당하면 같은 환경에 있는 가족들도 함께 폭력을 당하는 것과 마찬가지다. 나의 한 친한 친구는 자신의 아버지가 자녀들은 때리지는 않았지만 어머니를 때린 적이 있다고 말했다. 하지만 충격적이게도 아버지가 어머니를 때릴 때 아이들이 그 장면을 목격했다. 산산조각 나는 유리컵, 어머니에게 의자를 던지는 아버지, 이에 격렬히 저항했지만 처참하게 구타당하는 어머니…. 아이들은 이 모든 것을 보았다.

나는 친구의 이야기를 들으며 한 가지 느낌이 강렬하게 몰려왔다.

'차갑다.'

친구의 가정은 전혀 따뜻함이 없었다. 차갑다는 것은 곧 두려움이다. 두려움에 손발이 벌벌 떨리는 가족극이 한바탕 끝나면 아이들은 주먹이 가진 힘을 절실히 실감한다. 그리고 순종해야만 안전함을 얻을 수 있고, 순응해야만 구타를 피할 수 있다는 현실을 깨닫는다. 친구의 형제자매들은 정도는 다르지만 모두 남의 비위를 맞추는 성향을 갖고 있고, 다들 무언가에 억눌려 있는 듯한 이미지를 준다. 폭력적인 아버지는 절대적 권위를 세우며 자녀들이 비굴한 인생을 살게 만들었다.

육체적인 폭력 이외에도 또 다른 형태의 무서운 폭력도 있다. 그것은 바로 정신적 폭력으로, 부모가 아이에게 화가 나면 한참 동안 아이를 무시하고 차갑게 대하는 것이다. 심하면 1, 2주 또는 한 달 넘게 지속되기도 한다. 부모도 사람이기에 기분이 나쁠 때가 있고 마음을 진정시키는 시간이 필요하긴 하지만, 아이를 오랫동안 무시하는 것은 아이에 대한 가혹한 처벌이다.

아마 여러분도 이런 경험이 있을 것이다. 엄마가 화가 났을 때, 아이의 첫 번째 반응은 자신의 잘못 여부에 상관없이 바로 사과하는 것이다. 심지어 어떤 아이들은 무릎 꿇고 부모의 용서를 구하기도 한다. 이 얼마나 끔찍하고 개탄스러운 일인가.

아이가 어릴 때, 부모와 아이의 힘은 큰 격차를 보이고 부모는 거의 아이의 모든 것을 결정하는 무소불위의 권력을 지닌다. 아이들의 논리는 이렇다. '내가 부모님께 복종하지 않거나 비위를 맞추지 않으면 나는 부모님을 만족시킬 수 없다.'

어떤 이들은 다른 사람을 자신에게 복종시키려면 그를 충분히 두렵게 만들어야 한다고 생각한다.

이런 가정에서 자란 아이들은 순종적인 사람이 되기도 하고, 고집스럽거나 차가운 사람, 심지어는 잔인한 사람이 되기도 한다. 그들은 목적을 달성하기 위해 모든 방법을 동원한다.

자, 우리 함께 자신의 내면에 물어보자.

"다른 사람을 기쁘게 하면 나 자신은 안전해지는가?"

이 점을 깊이 이해하는 것은 매우 중요하다. 하지만 사람들은 이같은 질문에 거부감을 느낀다. 이 과정에서 자신을 정면으로 마주하고 이로 말미암은 고통과 수치심을 직면해야 하기 때문이다. 다른 사람에게 순종하며 평생을 살면서도 이런 고민을 할 생각조차 못 하는 사람도 있을 것이다.

하지만 점점 더 많은 사람이 자신의 감정을 진지하게 대하며 무언가 잘못된 것을 찾아내려 한다. 시대가 발전하면서 변화된 사회는 인간의 자아의식을 일깨우는 데 좋은 환경을 마련해 준다. 고통에 허덕이던 사람들은 이제 타인과의 관계에 남아 있는 의미가 무엇인지, 자신이 계속 그렇게 살아야 하는지를 깊이 고민하게 될 것이다.

내면의 쉼표를 찾는 여정

• 준비물 : 펜과 노트

• 소요 시간 : 15~30분

방해받지 않는 시간과 공간을 마련하였는가? 지금은 자신을 사랑하는 시간이다. 모든 연습 활동에는 최소 15~30분의 시간이 필요하다. 나 자신과 함께하고 내면과 연결되는 순간, 깊은 평온함을 느낄 것이다.

지금까지 우리는 순응과 순종에 대해 살펴보았다. 이와 관련된 경험을 한 적이 있는가? 나는 어떤 가정에서 자랐는가?

깊이 생각해 보고 이 과정에서 느끼고 깨달은 바를 글로 적어보자. 그리고 다 쓴 후에 자신이 쓴 글을 천천히 읽어보자. 내면의 감정이 일어나고, 흘러나오고, 존재하는 모든 과정을 묵묵히 바라보자.

진입과 탈출: 나는 더 나은 삶을 누릴 자격이 없다

여기서 '진입'이린 한 사람에게 집근해서 상내와의 관계에 늘어 가는 것을 의미한다. 남의 비위를 맞추는 사람은 누군가에게 가까이 다가가 특정한 관계를 맺고자 하는 욕구가 강하다. 그런데 안타깝게도 가까이 다가가려 할 때마다 마치 벽에 부딪힌 공처럼 더 멀리 튕겨 나가곤 한다.

한 친구가 나에게 자신의 감정 경험을 이야기한 적이 있다. 그 친구는 어느 남성과 서로 호감을 느꼈다. 두 사람이 교제를 시작하면서 그녀는 마치 영혼이 없는 사람처럼 늘 남자친구와 꼭 붙어 있기를 원했고, 어떻게 하면 그를 기쁘게 할 수 있을지 늘 궁리했다.

남자친구가 돈이 필요하다고 하면 그녀는 망설임 없이 지갑을 열면서 이를 기회 삼아 그와 더 많은 대화를 할 수 있기를 바랐다. 때로 남자친구가 자신이 보낸 문자메시지에 바로 답장하지 않으면 불안해서 어쩔 줄 몰라 했다.

하지만 그녀는 이러한 감정을 겉으로 내색하지 않았다. 그러던 어느 날 밤, 남자친구의 답장을 몇 시간째 기다리던 그녀는 문득 강한 수치심을 느꼈다. 답장 하나를 받자고 이렇게 휴대폰만 붙잡고 있는 자신이 너무 한심스러웠다. '왜 나는 그의 답장을 이렇게 애타게 원하는 걸까? 도대체 왜 이런 집착이 생기는 걸까?' 그녀는 지난 날을 뼈저리게 후회하며 손이 부들부들 떨릴 때까지 두 주먹을 움켜쥐었다. 이룰 수 없는 갈망과 아픔이 가슴을 묵직하게 짓눌렀다.

다음 날, 남자친구에게 답장이 왔다.

'왜 그렇게 메시지를 많이 보냈어? 내가 바빴던 거 몰랐어? 왜 이렇게 철없이 구는 거야?'

남자친구의 답장을 보자 그녀는 하늘이 무너지는 듯했다. 글자 하나하나가 거대한 파도처럼 몰려와 그녀를 덮쳤다. '내가 잘못한 건가?' 그녀는 남자친구의 말처럼 자신이 생각이 짧고 철없는 행동을 했다고 자책했다. 그리고 이제 남자친구가 자신을 좋은 여자로 생각하지 않을 거라고 걱정하며 어떻게 하면 다시 그의 마음을 돌릴 수 있을지 끝없는 고민에 빠졌다.

이런 상황에서도 그녀는 여전히 자기 자신을 뒤로하고 오로지 상대의 비위를 맞추는 데만 급급했다. 일방적인 기다림과 실망이 반복되면서 두 사람의 관계는 점점 어긋나기 시작했고, 남자친구가 답장하지 않는 횟수가 늘어나면서 그녀는 처참히 무너져 갔다.

나는 그 친구에게 물었다. "만약 네가 그가 싫어하는 철없는 여자가 된다면 어떻게 될까?"

친구는 잠시 생각한 후 입을 열었다. "너무 끔찍해. 남자친구는 나를 아주 별로라고 생각할 거고 다시는 나를 좋아하지도 않겠지."

"그리고 그다음은 어떻게 될까?"

"남자친구가 나를 좋아하지 않는다면 나는 내 존재감을 느끼지 못할 거야. 차라리 죽는 게 나을 수도 있어."

"그래서 너는 이렇게 자신을 희생해서라도 이 관계를 붙들고 싶은 거구나. 이는 왠지 '네가 나를 좋은 사람이라고 생각하기만 하면 돼'라는 의미인 거 같은데?"

그녀는 말없이 침묵했다. 그동안 그녀는 너무 일방적으로 적극적이었고, 상대방의 답장 하나를 받기 위해 지칠 때까지 기다렸다. 그러던 어느 날 밤, 자신도 모르는 사이 마음속 깊은 곳에 쌓여 있던 수치심과 후회가 순식간에 터져 나왔다. 그러나 그 후회도 잠시, "너는 왜 이렇게 철없이 구니?"라는 상대의 한마디에 다시 제자리로 돌아왔다.

그녀는 이러한 관계 패턴이 너무 익숙해서 이 관계에 문제가 있다는 것도 인식하지 못했다. 설사 문제가 있다고 느꼈다 해도 자기 자신만의 문제라고 생각하며 어떻게든 고치려고 했을 것이다. 남자 친구는 이런 그녀를 잘해주기는커녕 점점 더 무심하게 대했다.

두 사람 사이에 곪았던 상처가 터지고 나서야 마침내 깨달았다. 한 사람에게 깊숙이 다가가는 것이 얼마나 위험한지를. 그동안 그녀는 누군가에게 한번 기대하면 그에게 모든 걸 맞추고자 했고, 상대의 연락을 기다리며 늘 전전긍긍했다. 온몸이 타들어 가는 듯한 초조함에 잠 못 이루는 날도 많았다. 상대가 연락하지 않는 것보다 하염없이 답장만 기다리는 자신의 모습에 더 화가 났다.

이런 모욕감과 수치심을 다시는 느끼고 싶지 않았다. 이제 자신을 보호해야겠다고 결심한 그녀는 결국 이별을 선택했다.

이 친구의 이야기는 당연히 여기서 끝나지 않는다. 그 후 그녀는 자아 성장의 길을 걸으며 이런저런 우여곡절을 겪기도 했지만, 다행히도 점점 더 강해졌다. 그리고 마침내 '나는 너무 부족해서 너와 어울리지 않아. 이런 내가 가까이 가면 너는 나를 거부하겠지'라는 턱없이 낮은 자존감에서 벗어나기 시작했다.

자신의 '완벽함'만이 상대를 만족시킬 수 있다는 착각

우리는 어릴 적부터 '모든 일에 우수해야 한다'라는 무언의 압박을 받으며 자라왔다. 부모는 아이가 친구들과의 경쟁에서 지면 "네가 노력이 부족해서 진 거야."라고 말하고, 아이의 시험 성적이 좋지 않으면 "다른 애들은 어쩜 그렇게 공부를 잘할까."라고 태연하게 내뱉는다. 이에 아이는 풀이 잔뜩 죽어서 아무 말도 하지 못한다. 그리고 아이의 마음속에는 자괴감과 질투의 씨앗이 서서히 싹트기 시작한다. 아이가 어른이 된 후 대인관계의 어려움을 토로하면, 부모는 또 이렇게 말할 것이다. "왜 너는 바보같이 인간관계 하나 제대로 관리 못 하니?" 여러분도 이미 눈치챘을 수도 있겠지만 소위 '못한다, 부족하다'라는 말들은 모두 부모라는 외부에서 만들어낸 피드백이다. 개인의 우수함의 여부가 본인의 능력이 아닌 부모의 말로 결정지어지는 형국이다.

그런데 왜 자녀들은 부모들의 일방적인 평가를 거부하지 못할까? 그것은 바로 부모의 피드백에는 부모와 자녀 산의 깊은 유대감과 공감대가 형성되어 있고, 아이의 부모를 향한 존중과 사랑이 녹아 있기 때문이다. 아이들은 부모님의 사랑을 받기 위해서라면 무엇이든 할 것이다.

어느 날, 한 여학생이 나에게 자신의 이야기를 해주었다.

그 소녀가 대회에서 상을 받을 때마다 부모님은 기뻐하면서도 아쉬운 듯 말했다. "1등을 했다면 더 좋았을 텐데." 소녀는 부모님을 기쁘게 해드리기 위해 계속 노력했지만 부모님은 언제나 더 높은 목표치를 요구했다. 지역 대회에서 1등을 하고, 그다음은 시, 도, 심지어 국가급 대회에서도 1등이 되기를 원했다.

소녀는 끈질긴 노력 끝에 도급 대회에서 좋은 성과를 거두었지만 국가급 대회에서는 원하는 바를 이루지 못했다. 이에 크게 실망하는 부모님을 보자 소녀는 자괴감에 빠져 자신을 질책했다. 주변 사람들은 소녀의 우수한 능력을 칭찬했지만, 소녀는 항상 '나는 아직 한참 멀었어'라고 생각하며 심리적으로 위축되고 예민해져만 갔다. 소녀는 다른 사람들이 자신을 실망스러운 시선으로 바라보는 것을 극도로 두려워했다.

이 모든 것의 발단은 부모였다. 부모는 자신의 눈에 아이가 우수해 보이면 기뻐하고, 그렇지 않으면 이내 실망했다. 마치 이 아이가 우수한지 그렇지 않은지는 부모의 변화무쌍한 표정으로 정의되는 듯했다. 이 소녀는 부모의 눈에 우수한 아이로 보이기 위해 발버둥쳤다. 이렇게 해야 부모와 사랑의 연결고리가 계속 이어질 것이고 부모를 실망시키면 그 사랑도 끊길 것만 같았다. 모든 아이에게는 좋은 부모가 절실히 필요하다. 부모는 아이들의 심리 발달에 매우 중요한 영향을 끼치기 때문이다. '좋은 부모'를 얻기 위해 아이들은 최고만을 추구하고, 자신도 모르는 사이에 매우 엄격하고 까다로운 성향을 보이게 된다. 그리고 자기 자신뿐만 아니라 주변 사람들에게도 더 분발하여 더 우수해지라고 요구한다.

자신의 주변에서 우수함과는 거리가 먼 사람을 보면, 아이들은 부모가 자신에게 그랬듯 그를 무시하거나 실망하는 반응을 보인다. 그 아이들은 오로지 '성공'이나 '강함'만 추구하고, '실패'나 '나약함'은 허용하지 않기 때문이다. 어떤가? 듣기만 해도 마음 한구석이 답답해지지 않는가? 인생에 상승 곡선만 있다면 그 또한 편치 않을 것이다. 이미 매우 뛰어난 능력을 갖췄고 그 상황에 만족한다고 해도 여전히 무언가에 압박받는 듯한 느낌을 받을 수 있다.

사람들은 타인을 변화시킬 수도 없고 자신의 갈망을 해소할 능력도 없을 때, 스스로에게 화살을 돌려 그런 갈망을 가진 자신을 공격한다. 자신을 공격하는 것은 다른 사람을 공격하는 것보다 안전하게 느껴지기 때문에 무력한 사람일수록 자신을 공격하는 성향을 보인다. **특히 남의 비위를 맞추는 사람은 다른 사람과의 관계에서 불안정한 느낌을 받을 때 자신을 공격하는 경우가 많다.**

서두에 밝혔던 친구의 이야기로 돌아가 보자. 이야기에서 보면 남의 비위를 맞추는 사람과 그 대상 사이의 관계는 매우 불균형하다. 비위를 맞추려는 대상, 즉 남자친구는 그녀(남의 비위를 맞추는 사람)를 비하하고 비난하거나 심지어는 꾸짖고 모욕했다. 이러한 행동은 남의 비위를 맞추는 사람에게 강렬한 수치심을 일으키고 자신을 최악이라고 느끼게 한다.

이러한 관계 패턴에서 남의 비위를 맞추는 사람의 어린 시절을 살펴보면 대부분 매우 억압적인 가정에서 자랐음을 알 수 있다. 그런 가정에서는 아이들을 향한 존중이란 없다. 아이가 무엇을 하든 부모는 만족하지 못하고 "이건 이래서 별로다, 저건 저래서 별로다"라며 항상 질책만 한다. 부모가 아이의 자존감을 억누르는 방식으로 훈육하기 때문에 이 영향을 받은 아이는 자신을 형편없고 못난 존재로 여기며 부모에게 인정받기를 더욱 갈망한다.

억압적인 가정의 분위기는 늘 긴장 상태로, 모든 가족의 실수에 대해 극도로 예민한 반응을 보인다. 부모의 비난에 익숙해진 아이는 많은 일들을 '나 때문이야', '내 책임이야'라고 여긴다. 그리고 자신도 모르는 사이 다른 사람이나 자신을 비난하는 법을 배우게 된다. 이 가정에는 자신의 '완벽하지 않음'을 받아주는 공간이 없다. 완벽하지 않다는 것은 그들에게 수치심이자, 더 나은 삶을 살 자격이 없다는 뜻이다. 이런 가정에서 자란 아이들은 늘 자기 자신을 매우 가혹하게 대하고 완벽을 추구하면서 부모님을 만족시키려고 한다.

한 여성이 자신의 어린 시절에 관해 이런 이야기를 했다. 어릴 적 부모님은 늘 그녀의 일거수일투족을 지적했다. 젓가락을 어떻게 잡아야 하고, 휴지를 어떻게 사용해야 하며, 심지어 앉는 자세까지 지적하며 그녀의 모든 것을 교정하려고 했다. 그녀가 시키는 대로 하지 않을 때면 젓가락으로 그녀의 손등을 매몰차게 내리치기도 했다.

부모님이 시키는 대로 겨우 뭔가를 하나 해내면 부모님은 다른 것을 지적하기 시작했다. 어떤 신발을 신어야 하고, 머리를 어떻게 묶어야 하는 등 잔소리가 끊이지 않았다. 그녀가 아무리 애를 써도 부모님은 그녀의 부족한 부분을 어김없이 찾아냈다.

그녀는 점점 자신을 극도로 가혹하게 대했고, 부모님이 자신에게 그랬듯 스스로 자신을 괴롭히며 완벽을 추구했다. 이렇게 그녀는 부모님의 인정을 받기 위해 자신을 끊임없이 압박하다가 결국 폭식이라는 또 다른 방법으로 자기 학대를 시작했다.

내가 '완벽'하면 부모님의 인정을 받을 수 있다는 것은 남의 비위를 맞추는 사람들의 환상이자 착각이다. 이러한 환상을 품은 그들은 어긋난 관계에 계속 머물면서 자신이 '변화'하면 상대를 돌려놓을 수 있다고 기대한다.

남의 비위를 맞추는 사람 모두가 불균형한 관계에서 벗어날 수 있는 것은 아니다. 이는 상내를 변화시킬 수 있다는 환상에 대한 깊이와 강도에 달려 있다.

어떤 사람들은 작은 고통만으로도 변화와 깨달음의 계기가 되지만, 어떤 사람들은 더 강도 높은 고통 자극이 필요하다. 유감스럽게도 진정한 깨달음을 얻고 변하는 부모는 소수일 뿐이며, 대부분의 부모는 일생 동안 아이의 내적 요구를 듣지 못하고 아이를 인정하거나 받아들이지 않는다.

아이가 부모의 수용과 인정을 갈망하지만 이것이 충족되지 않는다면, 성인이 된 후에 자신의 내적 요구를 연인, 동료 심지어 자녀와의 관계에 투영시킨다.

그들은 모든 관계에서 늘 긴장한다. 새로운 관계를 맺을 때마다 매우 까다로운 상대가 자신을 기다리고 있을 것 같다고 느끼기 때문이다. 이런 압박 때문에 그들은 끊임없이 발버둥 치며 더 완벽해질 때까지 자신을 채찍질한다.

남의 비위를 맞추는 사람은 무의식적으로 한 사람에게 끌리곤 하는데, 그 사람과의 관계에 들어가면 자기 비하라는 함정에 또다시 빠지고 만다. 이 함정은 남의 비위를 맞추는 사람 자신이 혼자 만들기도 하며 상대와 함께 만들기도 한다. 그들은 상대의 사랑과 인정을 얻기 위해서라면 수단과 방법을 가리지 않기 때문이다.

자신의 포지션을 타인의 아래에 둘수록 어린아이처럼 나약하고 무력해지며 타인의 무시 대상이 되기도 한다. 이를 피하고 싶다면 어엿한 성인으로서의 자세를 취하고 다른 사람들과 평등한 위치에 서야 한다.

남의 비위를 맞추는 많은 사람이 타인과의 관계에서 심각한 고통과 변화의 필요성을 느끼고 새로운 성장과 도움을 절실히 원하고 있다. 이는 내면의 아픔과 자신만의 환상을 정면으로 바라봐야 하는 힘든 과정이지만, 자신을 변화시키기 위해 반드시 필요한 첫걸음이다.

부모 세대가 변화하기는 쉽지 않다. 우리는 변화된 부모님의 모습을 상상하며 부모님에게 인정이나 격려, 사과를 기대하지만 이는 사실상 어렵다. 더 현실적이고 냉철하게 생각해 보자. 부모가 변하지 않는다면 우리는 어떻게 해야 할까?

우리는 지금의 아이들과 함께 2차 성장을 이룰 수 있다. 우리의 자녀들은 엄청난 행운아이다. 성장을 원하는 부모, 즉 지금 이 책을 읽고 있는 여러분이 그들의 곁에 있기 때문이다. 변화의 가능성이 가장 큰 사람은 다름 아닌 여러분이다. 변화를 꾀하는 것은 스스로 책임지는 것이며 자신에게 주는 최고의 선물이자, 자녀에게 주는 가장 아름다운 선물이다.

내면의 쉼표를 찾는 여정

- 준비물 : 펜과 노트

- 소요 시간 : 15~30분

우리는 자기 자신을 따뜻하게 보살피고 사랑하는 습관을 들여야 한다.
이번에도 15~30분 동안 방해받지 않는 시간을 준비하자.
나 자신과 함께하고 내면과 연결되는 순간, 깊은 평온함을 느낄 것이다.

타인과의 관계에 들어가면 나는 어떤 감정을 느끼는가? 혹시 상대에게 비난받지
는 않을까 걱정하는가? 나의 걱정이 실제로 일어났는가? 아니면 그저 상상일 뿐인
가? 나는 어떤 가정에서 자랐는가?

위와 같은 내용들을 천천히 적어보자.

헌신과 보상:
비난받아도
멈추지 않는 헌신

10

헌신과 보상의 논리는 다음과 같다 : 네게 헌신하면 너는 나를
사랑해 줄 것이다. 그렇지 않으면 내 마음은 불만과 분노로 가
득 차게 된다. 하지만 이런 나쁜 마음을 가지면 나는 곧 깊은
죄책감에 빠져 너에게 보상을 해주기 시작한다.

실제로 타인에게 지나치게 헌신하는 사람은 수없이 많다. 하지만
어떤 이들은 자신이 과도한 헌신을 하고 있다는 사실조차 인식하지
못한다.

만약 타인과의 관계에서 초반에는 항상 적극적이고 에너지 넘치
지만 시간이 갈수록 무기력해지고 깊은 실망을 느낀다면, 아마도
당신은 과도한 헌신의 당사자일 수도 있다.

타인에게 지나치게 헌신하다 보면 자신의 미래의 생명력을 소모하는 대가를 치르게 된다. 남의 비위를 맞추는 사람은 자신의 에너지를 내걸고 위험한 도박을 하는 것이다. 그들은 이렇게 해야만 자신이 원하는 것을 얻을 수 있다고 믿는다.

그렇다면 그들이 진심으로 원하는 것은 무엇일까?

사치스럽고 희소하며 쉽게 얻을 수 없는 것, 바로 '사랑'이다.

그들은 다른 사람과 관계를 맺기 시작할 때부터 자신을 매우 하찮고 나약한 존재, 사랑받을 권리도 없는 존재로 여기며 상대에게서 사랑을 얻고자 필사적으로 노력한다. 이런 관계는 다음과 같은 분노를 동반한다

"내가 너의 사랑을 받으려고 이렇게까지 비굴하게 구는데, 너한테 큰 기대를 거는 건 당연한 거 아니야? 내가 이렇게 헌신했는데 너도 내가 원하는 것을 줘야 하지 않겠어?"

그렇다면 과연 상대방은 내가 원하는 것을 갖고 있을까? 갖고 있을 수도, 아닐 수도 있다. 설사 갖고 있다고 해도 그가 나에게 주고 싶어 하지 않을 수도 있다. 이것은 매우 승률이 낮은 무모한 도박이다. 특히 연인관계에서 이러한 혼란을 겪는 사람들이 많다.

도박에서 크게 돈을 잃은 사람은 처음에는 그 결과를 인정하지 않고 강하게 반발하다가 시간이 지나면 자세를 낮춰 자신의 행동을 후회하고 보상을 요구한다. 연인관계에서도 많은 사람이 이와 유사한 행동 양상을 반복하다가 관계 당사자 모두 지치게 된다.

이런 관계는 다 큰 성인들 사이에서만 나타나는 건 아니다. 어쩔 수 없이 부모의 비위를 맞춰야 하는 상황에 놓인 어린아이들도 이 같은 혼란을 느낀다. 아이들은 엄마·아빠의 마음을 잘 알기에 자신이 원치 않는 일이라 해도 부모가 원하는 대로 행동하려고 한다. 그래서 어떤 사람은 아이의 성장은 '비극적인 여행'이라고 말하기도 한다. 아이들은 부모의 사랑을 얻기 위해 자신의 모든 것을 내놓는다. 이는 역설적으로 자신은 사랑받을 가치가 없는 존재이기 때문에 사랑을 얻기 위해서는 자신의 무언가와 바꾸어야 한다는 의미를 내포한다.

이런 아이들은 부모가 칭찬해 주거나 인정해 주고 웃어주면 이를 사랑이라고 생각한다. 그래서 끊임없이 자신을 희생하며 '아니요'를 외쳐본 적이 없는 예스맨으로 성장한다. 또한 부모가 기뻐하는 모습을 보면 나는 사랑받고 있기에 이 모든 헌신이 가치 있다고 여기며 만족한다.

이런 아이들은 심리적 안정감이 매우 결여되어 있으며, 항상 주변에 자신이 비위를 맞춰야 할 사람들로 가득한 느낌을 받는다. 그리고 '부모가 기뻐해야 내가 안심할 수 있다'라고 생각하기 때문에 항상 과한 목표치를 설정하고 노력을 게을리하지 않는다. 아이들은 능력 있고 우수하며 성공적인 자신의 모습을 보여주면 부모가 분명 기뻐할 것이라는 기대에 차 있다.

다음과 같은 부모·자녀 관계도 있다. 엄마가 자녀에게 늘 세심한 관심을 기울이며 아이의 모든 일에 촉각을 곤두세우고 꼼꼼히 챙긴다. 이런 유형의 엄마는 '좋은 엄마'가 되어 아이를 만족시키는 것을 최고의 성공으로 여긴다. 하지만 자녀는 크고 작은 불만을 느끼기 마련이기에 엄마의 목표는 언제든지 무너질 위험에 처해있다.

항상 자녀의 비위를 맞추려고 애쓰는 부모는 어린 시절 부모의 비위를 맞추며 살아왔을 가능성이 높다. 성인이 된 후 부모라는 역할을 맡았지만 내면은 여전히 어린아이의 상태로 정체된 것이다. 그런 부모는 자녀를 의존 대상으로 여기고 자녀에게 좋은 피드백을 받는 것에 집착하며 이런 자신이 훌륭한 부모라고 생각한다. 이런 상황에서 자녀는 자신이 어릴 적 비위 맞추며 살았던 부모의 모습이 된다.

남의 비위를 맞추는 행동은 '나는 충분히 좋은 사람이고 가치 있는 사람인가?'에 초점을 맞춘다. 이는 상대에게 얼마나 많은 가치를 제공할 것인가의 기준이 된다.

어느 초보 엄마가 모유가 잘 나오지 않자 깊은 자괴감에 빠졌다. 그녀는 아이가 모유를 충분히 먹지 못하면 면역력이 약해지고 엄마와의 애착 형성도 제대로 갖춰지지 못할 것이라고 걱정했다. 그렇게 그녀는 매일 긴장과 불안 속에 살며 아이에게 이를 보상이라도 하듯 늘 좋은 것을 사주려고 했다. 하지만 아이와 함께 있을 때면 그녀는 왠지 모를 거리감을 느꼈고, 아이와 연결되지 못한다는 생각에 스스로 더 자책했다.

그녀는 자신이 아이의 비위를 맞추며 살고 있다고 인정했다.

가치 있는 사람이 되어야 사랑받을 수 있다는 심리

10개월 동안 엄마 배 속에 있던 아이가 태어나면, 엄마와 아이 사이에는 다른 사람은 감히 넘볼 수 없는 끈끈한 연결고리가 형성된다. 하지만 엄마는 지난날 사랑받지 못한 경험과 아픔 때문에 자신이 아이와 충분히 사랑을 주고받을 수 있음을 믿지 못한다.

모유가 부족한 초보 엄마는 자신이 아이에게 소중한 가치를 줄 수 있다는 사실을 모르고 아이에게 쉽게 다가가지 못한다. 이는 엄마가 자신과 아이 사이에 불안과 두려움, 분노, 무력함을 잔뜩 쌓아놓았기 때문에 아이와의 연결 통로가 막혀버렸기 때문이다. 엄마는 아이의 울음소리만 들어도 자신이 엄마로서 마땅히 해야 할 일을 못 했기 때문에 아이의 사랑과 친밀감을 얻지 못하는 것이라고 자책했다.

흔히 볼 수 있는 또 다른 헌신의 패턴은 부모가 아이에게 매우 높은 기대를 하는 것이다. 아이는 자신이 부모가 원하는 대로 하는 것만이 부모에 대한 보답이며, 그렇지 않으면 부모를 배신하고 상처 주는 것이라고 생각한다.

이런 아이의 논리는 다음과 같다 : 내가 헌신하면 나는 부모에게 가치 있는 사람이 되고 부모는 나를 사랑할 것이다.

한쪽이 과도한 희생과 헌신을 하면 다른 한쪽은 상당한 압박을 느끼기 마련이다. 그러면 원하는 사랑을 받지 못할 뿐만 아니라 더 많은 증오를 자아낼 수도 있다. 자녀에 대한 기대치가 과하게 높은 가정에서는 아이가 이런 유형으로 성장할 가능성이 높다.

또 다른 사례를 보자. 경제적으로 어려운 가정에서 태어난 한 여성이 어릴 때부터 아버지에게 귀에 못이 박히도록 들은 말이 있다. "공부 잘해서 좋은 대학, 좋은 회사에 가야만 가난을 벗어날 수 있고 사람들의 존경을 받을 수 있다."

아버지는 그녀에게 엄격한 잣대를 들이밀고 항상 목표를 신속히 달성하고 시간을 낭비하지 말 것을 강요했다. 그녀는 오로지 공부에만 집중해야 했고, 옷차림이든 뭐든 다른 것에는 절대 관심을 두어서는 안 됐다. 성적이 좋으면 아버지는 기뻐했고, 성적이 좋지 않으면 한숨을 쉬며 극도로 실망한 기색을 보였다.

그녀는 아버지가 실망하는 모습을 보는 것을 가장 두려워했고, 아버지가 속상해하면 자신이 슬플 때보다 더 마음 아파했다. 아버지의 행복은 그녀의 성적과 철저하게 비례했다. 그녀는 스트레스를 받을 때도 문제집을 풀면서 마음을 진정시켰다.

부모가 상처받는 것을 두려워하는 아이들은 자신이 부모의 기대에 부응하지 못하면 깊은 죄책감을 느낀다. 죄책감이라는 괴로운 고통에서 벗어나기 위해 그녀는 필사적으로 공부했고 단 한순간의 휴식도 허락하지 않았다. 아버지의 비위를 맞추려고 안간힘을 쓰던 어린 소녀에게서 비장함이 느껴질 정도였다. 이런 환경에서 그녀는 부모의 유일한 희망이었기에 가족 전체의 운명이 그녀에게 달려 있었다.

훗날 이 소녀는 결국 명문대를 졸업한 후 대기업에 입사했다. 그러나 그녀는 항상 자신의 능력을 의심하며 자신이 상사나 동료들을 실망시키진 않을까 초조해했다. 그녀는 자기계발에 집착하며 스스로 채찍질했지만, 오히려 업무에서 점점 자신감을 잃어갔고, 다른 사람들에게 노력도 안 하고 능력도 없다는 소리를 들을까 봐 늘 노심초사하기만 했다.

그녀는 이제 어엿한 어른이 되었고 생활 조건도 과거에 비해 훨씬 나아졌으며 아버지도 더 이상 그녀에게 노력을 강요하지 않는다. 그러나 그녀는 부모가 여전히 자신에게 큰 기대를 걸고 있다고 생각했기에 달리는 것을 멈출 수가 없었다.

완벽한 인생은 몰라도 사랑이 무엇인지는 아는 아이들

자녀에 대해 기대치가 과한 부모는 내적인 무력감을 아이에게 전가해 무거운 짐을 지우곤 한다. 이는 부모가 일부러 의도한 것이 아니라 자신이 현실을 바꿀 수 없으므로 가정의 운명을 아이와 결속시키는 것이다.

부모의 기대에 부응하지 못하면 아이는 쉽게 죄책감을 느끼고 자책한다. **과하게 높은 기대의 배후에는 "너는 아직 부족해서 나의 칭찬을 받을 가치가 없다"라는 의미가 숨어 있다.** 이는 아이를 있는 그대로 받아들이지 않고 비하하는 태도로 볼 수 있다.

높은 기대는 가혹한 초자아超自我, Superego를 의미하며, 프로이트S. Freud는 이것을 '도덕적 자아'라고 부른다. 이 자아는 반드시 상대 위주의 생각을 해야 한다는 절대적인 이타주의로, 이렇게 하지 않으면 도덕적인 처벌을 받는다고 생각한다. 사람들은 내면에서 이 도덕적 자아가 시키는 대로 행동하곤 한다.

또한 부모도 도덕적 자아의 입장에서 자녀에게 말한다. "엄마·아빠는 다 너 잘되라고 이러는 거야. 네가 계속 노력하고 발전해야 좋은 직장을 얻고 다른 사람의 인정도 받을 수 있어." 자녀들은 그 말을 이렇게 해석한다. '내가 최고가 되어야만 가치 있는 존재가 되는구나.'

아이들이 정말로 원하는 것은 무엇일까? 그것은 다름 아닌 '사랑'

이다. 그들은 완벽한 인생이 뭔지는 잘 몰라도 부모가 나로 인해 기뻐하는지, 부모가 나를 사랑하는지는 너무도 잘 알고 있다.

부모의 높은 기대는 자칫하면 이러한 메시지로 전달되기 쉽다. "네가 우리의 기대를 충족시킨다면 너는 원하는 것을 얻을 수 있다." 이는 마치 부모가 빵 한 덩어리를 놓고 아이들에게 요구사항을 충족하면 그 빵을 주겠다고 말하는 것과 같다. 그런데 문제는 아이들이 그 요구사항을 수행하다가 중간쯤 되면 이미 배고파서 기진맥진한 상태가 돼버린다는 것이다.

아이들은 부모가 원하는 대로만 하면 사랑을 받을 수 있다고 강하게 믿는다. 그 믿음은 자신이 지칠 때까지, 더 이상 달릴 수 없을 때까지 흔들리지 않는다. 부모는 지쳐 쓰러진 아이를 보며 매몰차게 비난한다. "넌 왜 이런 애가 된 거야? 왜 이런 것도 제대로 못 해?"

가혹한 비난은 어떤 결과를 낳을까? 아이의 마음속 깊은 곳에서 모든 에너지가 사라지고 아이는 스스로 최악이라고 여기며 자신을 공격하게 된다.

이러한 상태에서 벗어난다면 부모는 자신의 기대가 결코 도달할 수 없는 먼 곳에 있음을 깨닫게 되고 아이들도 좀 더 나은 인생을 살게 될 것이다.

사람들은 큰 고통을 겪은 후에 내적 깨달음을 얻곤 한다. 내면 깊숙한 곳에서 밀려오는 고통은 우리에게 이 같은 질문을 던진다. "내가 정말로 원하는 건 무엇일까? 어디로 가야 할까? 나는 도대체 누구인가? 부모님은 나를 진심으로 사랑했을까? 부모님은 나를 얼마나 사랑했을까?"

고통은 누구나 원하지 않지만 깨달음을 얻기 위해서는 반드시 필요한 약이다.

인간이 고통스러운 이유는 아마도 숲을 보지 못하고 나무만 보기 때문일 것이다. 사실 우리는 '나'라는 조그만 세계에서 하염없이 헤매고 있다. 이를 진지하게 고민한다면 우리의 삶이 달라질지도 모른다.

부모의 사랑을 얻으려고 애쓰는 동안, 자신에 대한 사랑을 잃어버릴 수도 있다. 만약 여러분의 부모가 기꺼이 변화를 결심하고 자녀의 진심을 듣고자 한다면 이야말로 큰 행운이다.

실제로 자신이 자녀에게 지나치게 엄격했음을 깨닫고 아이를 사랑으로 대하려고 노력하는 부모도 많다. 하지만 그러다 자녀의 성과에 만족을 못 느끼면, 애지중지 키우다가 애를 망쳤다고 생각하며 다시 엄격한 모습으로 돌아가기도 한다. 부모와 아이는 이렇게 서로 대립하며 노력과 분노, 보상, 비난을 반복하고, 서로의 비위를 맞추기도 하고 원망하기도 하며 그 관계를 겨우 버텨낸다.

나는 모든 생명의 씨앗은 자유를 갈망하는 힘을 갖고 있다고 믿는다. 우리 스스로 준비만 된다면 그 씨앗은 눈부신 성장을 시작할 것이다.

내면의 쉼표를 찾는 여정

- 준비물 : 펜과 노트
- 소요 시간 : 15~30분

이번 연습에도 15~30분 동안 방해받지 않는 시간을 준비하자.
나 자신과 함께하고 내면과 연결되는 순간, 깊은 평온함을 느낄 것이다.

타인과의 관계에서 높은 기대에 부응하기 위해 노력하고 보상받고자 한 적이 있는
가? 이에 대해 나는 어떻게 생각하고 있는가?

이를 글로 써본 후, 천천히 읽어보자.

11

손실과 이득: 상대를 거부하면 버림당할 것이라는 착각

경계를 잃은 사람들은 이러한 심리 상태에 빠지곤 한다 : 나는 상대를 거부할 수 없어. 거부하는 순간 나는 버림당할 게 분명해.

이러한 논리는 사실 무력감과 관련 있다. 남의 비위를 맞추는 사람은 종종 자신의 경계를 명확하게 느끼지 못한다. 그들은 관계에서 모든 일을 스스로 해결하고 책임지며 완벽하게 해야 한다고 생각하므로 스스로 지나치게 많은 책임을 떠맡는다.

8년 동안 불행한 결혼 생활에 시달리던 한 여성이 그간의 설움을 눈물로 쏟아냈다. 그녀는 주부로서 가정에서 많은 일을 도맡아 했다. 남편이나 아이가 원하는 것이 있으면 가족들을 만족시키기 위해 항상 최선을 다했다. 그녀는 이런 삶 속에서 자신이 매우 가치 있는 존재임을 느꼈다

열심히 돈을 벌어 가족의 생계를 책임지는 남편과 살뜰히 가정을 돌보는 아내, 그들의 일상은 이렇게 평화롭게 흘러가는 듯했다. 그러던 어느 날, 그녀는 남편의 외도 사실을 알게 되었고, 수많은 세월 동안 쏟았던 자신의 희생과 노력이 하루아침에 바닥으로 내동댕이쳐지는 느낌을 받았다.

그녀는 남편과 평생 행복한 삶을 살 것이라고 줄곧 생각해 왔다. 그래서인지 남편의 외도는 그녀를 거의 파괴할 정도로 충격적이었다. 게다가 아이들 역시 언젠가부터 예의 없이 말하고, 무례하게 행동하는 횟수가 늘어났다. 깊이 생각해 보니 이러한 상황은 사실 오래전부터 시작되었고, 남편과 아이들 모두가 그녀의 진심 어린 헌신을 존중하지 않았다는 것을 깨달았다.

그녀는 그동안 남편에게 버림받지 않을까, 아이들이 나를 싫어하진 않을까 하는 생각을 한 적이 없었다. 그녀 자신과 가족들이 항상 서로 연결되어 있다고 느꼈기 때문이다.

운동을 좋아하는 남편을 위해 그녀도 운동을 했다. 비록 그녀는 운동을 즐기지 않았지만 남편이 좋아하는 것이라면 늘 함께하고자 했다. 그녀는 자신만의 시간이 없었고 거의 모든 시간을 남편과 아이들을 위해 썼다. 그래서 때로는 자신이 가족들을 위해 태어난 것

처럼 느껴지기도 했다.

그녀는 남편과 아이들에게 "안 돼"라는 말을 거의 하지 않았다. 그렇게 말하는 것을 그녀 스스로 용납할 수 없었기 때문이다. 그녀는 자신만의 경계선이 없이 오로지 가족의 요구만 충족시키려고 했고, 독립된 자아 없이 늘 남편과 자녀의 주변을 빙빙 돌기만 했다. 결국 남편이 이혼을 요구하자 그녀는 자신이 이렇게 헌신해 왔는데 왜 버려졌는지 도무지 이해할 수 없었고 그저 세상이 무너지는 듯했다.

남편은 이렇게 말했다. "당신과 함께 있으면 너무 지루해."

그녀는 자신만의 취미도, 주관도 없었으며 심지어 자신이 어떤 색을 좋아하는지, 어떤 꿈을 가졌는지조차 알지 못했다. 그녀는 지금껏 자기 자신을 살펴본 적이 없었고 모든 에너지를 오로지 다른 사람들을 이해하는 데에 쏟아부었다.

그녀는 남편과 아이들이 좋아하는 것은 너무도 잘 알고 있었지만, 이것이 그녀의 위태로운 결혼 생활을 구원해 주지는 못했다. 그녀는 독립된 인격과 자아 없이 마치 덩굴처럼 남편과 자녀의 삶에 가지를 뻗고 살았다. 이 덩굴의 가지는 가족들의 내면에 닿지 못했고, 결국 그녀는 가족도, 자기 자신도 제대로 이해하지 못했다.

그녀는 안정된 가정을 유지하기 위해 모든 에너지를 쏟는 동안 정작 자기 자신을 잃어버렸다. 그리고 남편에게 의지하며 얻은 행복 또한 순식간에 연기처럼 흩어지고 말았다.

버려진다는 공포가 엄습하자, 그녀는 남편도 없고 가정도 없다면 더 이상 살아갈 의미가 없다는 생각이 들었다. 예전에 그녀는 자신이 왜 가족의 모든 요구를 거절하지 못하는지 알지 못했다. 그런데 이러한 공포가 눈앞에 나타나자, 가족들이 자신을 좋아하지 않거나 떠날까 봐 두려움에 떨고 있는 자신의 모습을 발견했다. 그녀는 깊은 내면에서 스스로 가치 없는 존재로 여겼기에 다른 사람에게 의존하면서 노예처럼 복종해야 한다고 생각했던 것이다.

그녀의 논리는 다음과 같다 : 내가 상대를 거절하면 나는 버림낭할 것이다.

이는 그녀 내면의 가장 깊은 두려움이자 깨지지 않는 환상이었다. 그녀는 자신이 거절하지만 않으면 절대 버림받지 않을 것이고, 모든 것을 희생하면 모든 것을 얻을 수 있다고 확신했다.

이러한 환상으로 뒤범벅된 논리는 큰 착각에 불과하다. 거절하지 않는다고 해서 상대방이 영원히 나와 함께 하리라는 보장은 없다.

자신만의 뚜렷한 생각과 의견을 갖고 용기 있게 "아니요"라고 말하는 것은 한 개인의 심리적 경계선과 직결된다.

이 여성은 경계의 개념도, 경계를 지키는 힘도 없었기에 그녀의 삶이 이러한 궤적을 따르는 것은 어찌 보면 당연한 일이다.

'거절'이라는 칼을 쥐고도 휘두를 수 없는 약한 존재들

그렇다면 이 같은 사람들은 변화할 수 없는 걸까? 물론 그렇지 않다. 사람들은 성장하면서 숱한 변화를 겪는다. 외부에서 받은 충격에 굴복하지만 않는다면 다시 회복할 수 있으며 자신의 경계선을 만들어 스스로 힘을 실어줄 수 있다. 물론 변화를 위해서는 더 많은 이해와 사고, 감정, 행동이 필요하다.

남의 비위를 맞추는 사람들 중 자신만의 경계가 뚜렷하지 않고 타인을 거절하지 못하는 사람들은 어떤 가정환경에서 자랐을까?

그들은 지나치게 통제적인 가정에서 자랐을 가능성이 높다. 사람들의 일상생활이나 내면세계에서 규칙이 필요한 것은 분명하지만, 규칙은 과도한 통제를 의미하지 않는다. 지나친 통제는 한 사람의 개성을 억압하기 때문에 통제에는 적절한 자유가 필요하다.

과도하게 통제하는 가정일수록 아이의 에너지는 점점 약해진다. 아이는 이런 성장 환경에 적응하면서 자신의 자유의지가 확장될 수 없다고 판단하고 자신의 힘을 최대한 억누르기 때문이다. 그래서 통제형 가정은 언제나 긴장된 분위기가 감돈다.

통제는 두 가지의 형태로 나뉜다. 하나는 한쪽이 강하게 통제하여 다른 쪽이 거부하지 못하는 형태이다. 즉, '내 말이 무조건 맞으니까, 너는 내 말을 따라야 해'라는 논리다. 이러한 논리는 통제형 가정에서 자주 나타난다.

앞서 사례에서 언급한 여성도 이 같은 통제형 가정에서 자랐다고 볼 수 있다. 가정의 절대적인 권위자인 아버지 밑에서 자란 아이는 자신의 의견이나 생각을 가질 수 없었고, 오로지 아버지를 통해 세상을 이해했다. 순종적인 어머니 역시 아버지의 말을 묵묵히 따르기만 했다. 예전에는 어머니도 가끔씩 자신의 의견을 말하곤 했지만, 그때마다 아버지의 강한 반대에 부딪혔다. 예를 들어 어머니가 어떤 일에 반기를 들면 아버지는 이렇게 말했다. "감히 나한테 반항을 해? 지금 누가 당신을 먹여 살리는지 모르겠어?"

이런 말은 지울 수 없는 상처를 남긴다. 남의 비위를 맞추는 사람은 상대에게 "안 돼"라는 말을 들으면 자신이 잘못했다고 느낀다. 그리고 부모님이 자신의 삶을 책임지고 있으므로 반항하면 자신을 더 이상 돌봐주지 않을 것이라고 생각하기도 한다.

이 같은 논리는 다음과 같이 이해할 수 있다 : 내가 너를 거절하면 너는 나를 버릴 것이다.

다른 사람의 손에 모든 것이 달렸다고 생각하는 사람은 자신이 가진 힘을 느끼지 못하기 때문에 끊임없이 굴복하게 된다. 그러다 보면 스스로 생각하는 것에 점점 어려움을 느끼게 되며 아무도 도와주지 않으면 자신이 원하는 것을 이룰 수 없다고 생각하게 된다. 스스로 아무런 생각도, 결정도 하지 않아야 일이 훨씬 수월하게 해결된다고 여기는 것이다. 이런 사람은 고통을 느끼지 않기 위해 감정의 문을 걸어 잠그고 모든 일을 기계처럼 수행한다.

한쪽의 성향이 강해서 상대가 거절하지 못하는 상황은 직장에서도 흔히 볼 수 있다. 상사가 직무 범위를 넘어선 과한 업무를 지시해도 어쩔 수 없이 순종하는 것은 본질적으로 같은 문제라고 할 수 있다.

또 다른 통제 형태는 한쪽의 성향이 오히려 너무 약해서 상대를 거절 못 하게 만드는 것이다. 약자를 거절하기 힘든 가장 큰 이유는 약자를 거절하면 나쁜 사람이며 거절은 그들에게 상처를 입히는 것이라고 생각하기 때문이다.

중국 드라마 〈도정호: 가족의 재발견〉에서 아버지는 약자의 통제 방식을 이용하는 전형적인 인물이다. 그는 자녀들에게 습관처럼 이렇게 말한다. "나 같은 늙은이가 혼자 뭘 어쩌겠어. 너희가 나를 신경 써야지." 이 말에는 '만약 네가 거절하면 너는 예의도 모르고 정도 없으며 철없는 나쁜 사람이다'라는 저의가 깔려 있다.

도덕적인 강요는 날카로운 무기와 같다. 누군가를 거절하는 순간, 내면의 도덕 시스템이 풀가동 되어 연합 공격을 펼치는 것처럼 심적인 괴로움을 느끼게 된다. 바로 이 같은 이유로 쑤다창 가족의 맏아들과 둘째 아들은 '큰 애기'인 아빠의 비위를 맞추기 위해 갖은 애를 쓴다.

상대가 강하고 약하고에 상관없이, 남의 비위를 맞추는 사람은 항상 자신이 던진 갈고리에 걸리고 만다.

그들의 심리적 논리는 다음과 같다 : 거절해서는 안 된다. 거절하면 다른 사람에게 버려지고, 사회적으로도 외면당할 것이다.

인간의 공격성에 관한 강연 도중에 한 청중이 다음과 같은 말을 했다.

"저는 수년 동안 시부모님께 순종하면서 모든 것을 맞춰드렸어요. 그분들이 이런 저의 노력을 잘 알아줄 거라 생각했었지만, 이건 저의 큰 착각이었죠. 시부모님에게 진심으로 대우받지 못할 때가 가장 속상했어요. 그리고 저는 직장 상사나 동료들에게도 늘 양보만 하고 거절은커녕 제 생각조차 말하지 못해요. 저는 다른 사람들을 행복하게 해주려고 애쓰면서 정작 저 자신은 점점 지쳐가고 있는 것 같아요. 늘 억울함과 두려움에 빠져 있고 소심하기까지 해서 항상 남의 눈치만 보며 살았죠. 이런 감정 소모의 악순환에서 벗어나고 싶어요."

자신만의 경계를 설정하고 그 경계를 지키는 것은 자신을 가장 잘 보호하는 방법이다. 남의 비위를 맞추는 사람은 '헌신하면 버려지지 않을 것이다'라는 오해에서 벗어나야 한다. 일방적인 헌신은 희생의 가치를 점점 갉아먹을 뿐이다.

• 준비물 : 펜과 노트

• 소요 시간 : 15~30분

자신의 내면을 돌보는 시간이 다시 찾아왔다. 깊게 호흡하고 이완하는 방법에 익숙해졌는가? 마음이 한결 편안해졌음을 느끼는가?

15~30분 동안의 방해받지 않는 시간이 준비됐다면 시작해 보자.

타인의 요구를 거절하지 못할 때, 내 느낌이나 심정은 어떠한가? 지금 떠오르는 한 가지 사건이나, 한 사람에만 집중해도 좋다. 여기에는 어떤 사고 논리가 숨어 있을까? 나는 이 논리를 어떻게 생각하고 있는가?

만약 이런 경험이 있다면 자유롭게 써보고 그것을 천천히 읽어보자.

존재와 사라짐:
우리가 헤어지지만 않으면
나는 영원히 외롭지 않을 거야

남의 비위를 맞추는 사람의 마지막 사고 논리는 다음과 같다 :
우리가 헤어지지만 않으면, 나는 영원히 외롭지 않을 것이다.

이는 내면의 깊은 공허함과 외로움을 반영한다. 때로 광기 어린 것처럼 보이는 관계, 바로 열애 중인 연인관계가 그렇다. 사랑에 빠진 사람들은 모든 게 아름답게 느껴지고 상대방을 이상화시키곤 한다. '사랑에 빠지면 눈이 먼다'라는 말이 있듯이, 열애는 충만감, 행복감, 희망을 안겨준다.

특히 열애 중인 여성은 자신도 모르게 관계에 깊숙하게 빠져드는 경향이 있는데, 상대를 위해서라면 모든 것을 희생하고 감내하는 성향을 보이기도 한다. 상대에게 돈을 아끼지 않고 쓴다거나, 상대의 이런저런 문제를 해결해 주기 위해 갖은 애를 쓰기도 한다. 그들의 목적은 단 한 가지, 연인에게 꼭 붙어서 절대 헤어지지 않는 것이다. 그들은 이러한 관계 패턴이 지속되면 때로 불쾌한 감정을 느끼기도 하지만, 그래도 상대방을 떠나려 하지 않는다. 그들의 생각은 확고하다. '우리에겐 이별이란 없어. 절대 이별은 안 돼'

연애 초반에는 수많은 장밋빛 환상이 촉진제 역할을 한다. 예를 들어 '너는 내가 원하는 걸(지식, 외모, 경험, 재력, 가치관 등) 갖고 있어' 또는 '너와 함께 있으면 나는 에너지가 생기고, 이 모든 것을 다 가진 것 같아'라는 식의 환상이다. 이러한 환상이 상대를 통해 외로운 공간을 채우려는 욕망에 불을 지피면, 상대 덕분에 공허함이 사라졌다고 느끼게 되고 그의 곁을 절대 떠나려 하지 않는다.

여기에도 특정한 사고 논리가 있다. '우리가 함께 있으면 내가 원하는 모든 것을 네게서 얻을 수 있어. 그러면 난 절대 외롭지 않을 거야'

남의 비위를 맞추는 사람은 이 논리를 기반으로 상대와의 관계에서 자신의 위치 설정을 한다. 그런데 상대의 입장이 다를 때 상황은 심각해진다. 이는 마치 상대와의 관계에 의존하며 자신의 외로움과 공허함을 극복하려는 위험한 게임과 같다. 이것이 비극을 예고하는 복선임을 그들은 알까?

사람들은 무언가에 두려움을 느끼면 자신도 모르게 그것에 휘말리게 된다. 관계를 잃는 것을 두려워하는 사람은 그 관계를 지키려고 더욱 안간힘을 쓴다. 그 두려움 때문에 자신의 진짜 모습을 숨기고, 은연중에 상대에게 안정감을 강요한다. 그러면 상대는 연인관계에서 점점 자유롭지 못함을 느끼고 그 관계를 벗어나려는 상황이 발생할 수 있다.

안타깝게도 사랑의 유효기간은 길지 않다. 서로에 대한 환상을 안고 연인관계를 시작한 두 사람은 상대방이 내가 원하는 모습만을 보여주길 기대한다. 그러나 현실은 상대를 항상 100% 만족시킬 수 있는 사람은 없다는 것이다.

내가 매력을 느끼는 상대는 내 가족 중 어떤 중요한 인물의 특징을 갖고 있을 가능성이 높다. 성장기 시절 어떤 대우를 받고 어떻게 대응하며 자랐는지에 따라 새로운 관계에서도 그와 비슷한 경험을 반복하게 된다. 또한 이러한 반복 속에서 지난날 가족에게 얻지 못했던 것들을 대신 채우려고 한다.

'사랑이란 사회적으로 인정된 유일한 정신병이다.'

『당신은 너무 늦게 깨닫지 않기를The Power of Empathy』이라는 책에서 작가는 정신분석학자 엘빈 셈라드Elvin Semrad의 이 같은 명언을 인용했다. 우리는 사랑을 만나면, 자신을 구원해 줄 사람이 생겼다는 희망을 품는다. 사랑의 상대를 마치 구원자처럼 여기며 그만큼의 기대를 걸고 헌신하고 숭배한다. 광기 어린 사랑이나 집착은 마치 정신병 환자가 자기가 믿는 것을 확신하는 것처럼 한 치의 의심도 없이 견고하다.

사랑에 대한 광적인 열망은 결합에 대한 강한 갈망이자 고독과 공허함에 대한 반응이다.

혼자서도 편안하게 지내고, 외로움을 두려워하지 않거나 오히려 즐기는 사람은 자신을 사랑하는 사람들이다. 반면 내적 공허함을 느끼는 사람은 다른 사람에게 충분히 사랑받고 있음을 느끼지 못하기 때문이다. 이런 사람들은 타인을 통해 공허함을 채우고 사랑을 유지하려고 안간힘을 쓴다. 남의 비위를 맞추는 사람은 현재 누군가와의 관계 속에 있는 것이 사랑받고 있는 것과 같다고 생각한다. 그래서 그 관계가 불편하더라도 희망의 끈을 놓지 않고 이를 유지하려고 애쓴다. 이는 매우 쓸쓸한 일이다. 인간의 기본적인 본능인 사랑에 대한 욕구가 '졸렬한 갈구'로 전락해버렸기 때문이다.

남의 비위를 맞추는 사람의 이 같은 사고 논리는 내면에 깊은 슬픔과 고통을 동반하지만, 고통 때문에 이 논리를 더욱 확신하기도 한다. 이에 대해 우리는 이렇게 자문할 수 있다.

"지금 내 옆에 있는 이 사람만이 내가 외로움을 극복하는 데 도움을 줄 수 있을까? 외로움은 이런 방식으로만 대처해야 하는 걸까? 상대와의 관계 속에서 나는 어떻게 하면 자존감을 지키며 내가 원하는 것을 채울 수 있을까? 상대에게 실망과 두려움을 느끼면 어떻게 대응해야 할까?"

이러한 질문들은 남의 비위를 맞추는 행동 패턴을 깨는 데 도움이 될 것이다.

이뿐 아니라 우리는 이러한 사고방식이 어떤 가정환경에서 길러지는지도 함께 살펴볼 필요가 있다.

자존감이 낮고 남의 비위를 맞추는 무관심형 가정의 아이

무관심형 가정에서는 부모가 자녀와 관련된 일은 거의 신경을 쓰지 않고 오로지 부모 자신의 삶에만 몰두한다. 이런 가정은 가족 구성원 간의 친밀도가 매우 약해서 아이는 가족의 일원으로서의 존재감을 느끼지 못한다. 낮은 존재감이 가져온 충격은 아이의 삶 저변에 늘 깔려 있다.

앞서 언급한 가정환경의 몇 가지 사례에서는 부모가 아이에게 과도한 관심과 기대를 보이는 특징을 가졌다면, 무관심형 가정은 부모·자녀 관계가 서로 분리된 특징을 보인다. 아이는 심지어 관계의 존재 자체를 못 느끼고, 상처로 뒤범벅된 내면을 정처 없이 떠다니며 늘 불안감을 느낀다.

한 젊은 여성이 자신의 이야기를 털어놓았다. 어린 시절, 일 때문에 언제나 바빴던 그녀의 부모님은 어린 소녀를 날마다 친척 집에

맡겨두고 늦은 밤이 돼서야 데리러 오곤 했다.

　소녀는 집으로 돌아올 때마다 늘 소원을 빌었다.

　"집에 불이 환하게 켜져 있고, 엄마·아빠가 맛있는 음식을 해놓고 절 기다리고 있게 해주세요."

　하지만 그런 따뜻한 순간은 쉽게 찾아오지 않았다. 엄마·아빠는 영원히 그렇게 바쁘기만 할 것 같았다. 소녀는 자신은 중요한 존재가 아니라고 생각했다. '내가 중요하지 않으니까 엄마·아빠는 나와 시간을 보내지 않고 계속 일만 하는 거야.' 소녀는 자신이 사랑받을 가치가 없는 존재라고 느꼈다.

　오랫동안 무관심에 방치되면 아이는 점점 이런 상황에 익숙해지고 관심을 받더라도 그 진정성을 의심하게 된다. 이러한 아이가 어른이 되면 친밀한 관계에서도 거리를 두는 성향, 즉 언제든지 도망칠 수 있는 상태를 유지하며 너무 가까워지지 않으려는 성향을 보인다. 이는 어릴 적 경험들로부터 배운 그들만의 삶의 노하우인 것이다.

　이 여성은 평소에 다른 사람과 친밀한 관계를 맺는 것이 두렵고, 자신도 모르게 상대방이 원하는 것을 만족시키려고 노력한다고 말했다.

　그녀는 언제나 슬픔을 숨길 뿐, 부모님에게 자신과 함께 있어달라고 말하지 못했다. 부모님은 언제라도 자신을 떠날 것이고, 모든 친밀한 관계는 언젠가 끝이 난다는 생각에 애초에 타인과의 관계에

들어가지 않겠다고 결심했다.

이런 사람들은 타인에게 한순간이라도 따뜻함을 느끼면 마치 칠흑같이 어두운 방에 작은 창문이 열린 것처럼 온 힘을 다해 달려들게 된다. 그리고 오랜 가뭄에 단비를 만난 대지처럼 그것을 지키기 위해 모든 대가를 감내할 것이다.

또 다른 유형의 무관심형 가정은 비교하는 습관을 갖고 있다. 예를 들어 남아선호 사상에 사로잡힌 부모가 오로지 남자아이만 중요시하고 여자아이는 소홀히 대하는 경우다. 이러한 가정환경에서 여자아이는 남자 형제가 늘 자신보다 좋은 자원을 독차지하는 것을 보며 내가 원하는 것은 항상 얻지 못하고, 내가 남자 형제보다 중요하지 않은 존재라고 생각하게 된다. 심지어 어떤 여자아이들은 어른이 되어서도 항상 오빠나 남동생에게 얽매여 살며 헌신을 자처하기도 한다.

무의식적 차원에서 자원을 얻지 못하는 것은 본질적으로 사랑을 얻지 못하는 것과 동일시된다. 사랑받지 못한 수많은 아이는 부모의 사랑을 얻기 위해 더욱더 순종적이고 어른스럽게 행동하며 좋은 모습을 보여주려고 갖은 애를 쓴다.

어떤 부모는 딸에게 돈을 요구했다. 부모는 그 돈으로 유일한 아들, 그녀의 남동생에게 집을 사주고자 했다. 그녀는 자신이 갖고 있던 돈의 전부를 주었고 모자란 돈은 대출까지 했다. 참다못한 그녀가 불만을 터뜨리자 부모는 오히려 이렇게 반응했다. "왜 이렇게 변한 거야? 예전에는 안 그랬잖아."

수년 동안 부모가 자신을 그저 '돈줄'로만 여겨왔다는 생각에 그녀의 마음속은 슬픔과 분노로 가득 찼다. 그동안 부모는 오직 동생에게만 사랑을 쏟았기 때문에 그녀는 그들의 진정한 사랑을 느껴본 적이 없었다. 그녀는 자신이 능력 있는 사람이 되어 가족들을 열심히 도우면 부모의 사랑을 지킬 수 있다고 굳게 믿었다. 결국 부모가 자신보다 동생을 훨씬 더 중요하게 생각한다는 사실을 뒤늦게 깨달았고, 수년 동안 붙잡고 있던 믿음이 순식간에 산산조각 났다.

그녀가 계속 경제적인 지원을 해주고 모든 문제를 앞장서서 해결해도 늘 실망만 하는 부모를 보면서 언젠가는 사랑을 받을 수 있을 거라는 희망의 거품도 꺼져버렸다. 부모의 비위를 맞추는 것, 이것은 분명 그녀가 그동안 부모와 좋은 관계를 유지하는 데 도움이 됐을 것이다. 그러나 어느 우연인 듯 필연적인 순간에 그녀는 치명적인 타격을 입었고, 이는 그녀를 일깨우는 계기가 되었다. 그녀는 자신과 부모의 관계에 대해 진지하게 고민하면서 앞으로의 인생에서 진정한 자신으로 살아가기 위한 첫 단추를 끼웠다.

또 다른 무관심의 유형은 부모가 아이에게 큰 관심이 있는 것처럼 보이지만 이 관심이 정상적인 범위를 벗어난 경우이다. 예를 들어 어떤 부모는 아이가 배부른지, 옷은 따뜻하게 입었는지, 학습적으로 뒤처지진 않는지 등에 대해 매우 신경을 쓰고, 아이의 심리적 상태에도 늘 촉각을 곤두세우며 아이를 행복하게 만들기 위해 다양한 방법을 시도한다. 사람들은 이런 부모가 완벽하다고 생각할 수 있다.

그러나 **아이에게 지나친 관심을 보이는 가정은 매우 중요한 한 가지, 즉 '자아를 키워낼 공간'의 중요성을 간과하곤 한다.**

부모의 시선이 언제나 자신을 향해 있다는 것은 아이에게 매우 부담스러운 일이다. 이 과정에서 부모의 불안과 무력감이 은연중에 자녀에게 전달될 수도 있다. 이런 유형의 부모는 때와 장소를 막론하고 아이가 사소한 문제에 부딪혀도 한걸음에 달려와 문제를 해결해 주려고 한다.

아이들은 성장 과정에서 필연적으로 크고 작은 좌절을 경험한다. 실패와 분노를 느끼고 실망하고, 때로는 슬픔에 젖을 수도 있다. 이는 매우 정상적인 심리 발달의 과정이다. 부모는 어려움과 좌절을 경험해 봤기 때문에 이러한 일이 자녀에게 일어나지 않길 바라는 마음에 과도한 도움을 준다. 하지만 이는 아이가 자신의 내적 고난에 대처하는 기회를 뺏는 것과 같다.

지나친 관심을 받으면 아이 스스로 불안감을 느낄 뿐만 아니라 부모의 감정까지 감당해야 하는 경우도 있다. 강한 자아를 키워낼 공간이 점점 좁아지는 것이다. 이러한 가정에서 자라난 아이는 자신이 나약하다고 느끼기 때문에 다른 사람에게 쉽게 의존하는 경향을 보인다. 타인과의 관계 속에서 본능적으로 다른 사람에게 의존하며 심리적 무력감을 증폭시키고 무의식중에 자신보다 강한 사람의 비위를 맞추게 된다.

내면의 쉼표를 찾는 여정

- 준비물 : 펜과 노트
- 소요 시간 : 15~30분

자, 15~30분 동안의 방해받지 않는 시간이 준비됐는가?

외로움과 공허함을 느끼는 순간이 있는가?
나와 친밀한 관계를 맺고 있던 누군가가 떠난다면, 어떤 방식으로 이별에 대처할 것인가?
나는 힘든 시기를 어떻게 이겨내는가?

믿을 만한 사람을 찾아 이러한 순간들의 심정과 느낌을 공유해 보자.
만약 연습 중에 불편함을 느낀다면 언제든지 멈추고 이를 계속 진행할 수 있는지 나의 상태를 점검해야 한다. 잠시 다른 일을 하며 주의를 돌리거나 내면의 안전 기지로 들어가 정신적 에너지를 회복한 후에 다시 시작해도 좋다.

3부

역량 편 :
자아의 변화와 치유,
안정적인 성장을 위한
7가지 솔루션

결정의 힘:
나를 위한 변화

앞서 우리는 남의 비위를 맞추는 성향의 감정 반응 패턴, 논리, 가정환경이 미치는 영향 등을 다양한 각도로 살펴보았다. 이제 변화와 치유의 단계로 들어가 보고자 한다.

모든 사람의 내면 인격 패턴은 저마다의 존재 가치와 의미가 있으며 좋고 나쁨의 구분이 없다. 그렇다 해도 남의 비위를 맞추는 자신의 성향을 바꾸고 싶은 사람이 있다면 다음의 솔루션을 시도해 보는 것도 좋다. 여기서 한 가지 분명히 해야 할 점은 스스로 원하지 않는 한, 반드시 변화할 필요는 없다는 것이다. 타인이나 나 자신에게 피해를 주지 않고 스스로 변화에 대한 필요성을 느끼지 않는다면 누구도 나의 변화를 강요할 권리가 없다. 언제나 내가 나의 주인이 돼야 한다.

치유를 위한 첫 번째 포인트는 다음과 같다 : 다른 사람을 위해 자신을 변화시킬 필요가 없다.

지금 이 순간만큼은 어떤 권력이나 사람의 비위를 맞추고자 하는 마음을 내려놓고 나 자신을 진실하게 마주 보고 스스로 물어보자.

"나는 정말 변화를 원하는가? 이 변화가 정말 나를 위한 것인가?"

자신의 내면의 목소리에 귀를 기울여보고 만약 변화를 원하지 않거나 아직 망설인다면 그 느낌을 존중하고 억지로 강요하지 말자. 마음의 준비가 되었을 때 시작해도 늦지 않다.

변화하고자 하는 마음이 있다면 이것만으로도 자신 내면의 리듬을 이해하는 데 도움이 된다. 나에게 상담을 받으러 온 한 여성이 말했다. "친구들이 저는 자아가 뚜렷하지 않기 때문에 심리 상담이 필요하다고 해서 왔어요."

상담 과정에서 나는 그녀가 매우 순종적이며 타인과의 관계에서 자신의 의견을 잘 표현하지 않는 성향임을 알게 되었다. 그녀는 마치 아무런 생각이 없는 사람처럼 이에 대해 불편함을 느끼지도 않았다. 상담을 받으러 온 이유 역시 그녀와 오랫동안 교류한 친구들이 그녀에게 문제가 있다고 생각하고 상담을 권유했기 때문이었다.

그 여성은 이렇게 말했다. "제가 상담을 받지 않으면 친구들이 떠날 거고, 친구 없이 혼자 남게 되면 너무 외로울 것 같아요."

그녀가 상담에 열심히 협조하긴 했지만 무슨 이유에서인지 상담은 원활하게 진행되지 않았고, 다양한 시도에도 큰 진전이 없었다.

나는 생각 끝에 이런 질문을 던졌다.

"정말로 변화하고 싶은 게 맞나요? 누구를 위해 변화하려는 건가요?"

우리가 이 문제에 대해 고민하기 시작하면서 상담은 새로운 전환의 기회를 맞이했다. 그녀는 마음속 깊은 곳에서 술곧 변화를 거부했지만 억지로 이를 외면했던 것이다. 변화하지 않으면 친구가 떠날 것이라는 두려움 때문에 반드시 변화해야 했고, 친구들이 원하는 방향으로 움직여야 했다. 그녀는 겉으로는 친구들의 의견을 받아들이는 듯했지만, 실제로는 그 방향으로 단 한 발짝도 내딛지 못하고 있었다.

내가 감정에 대한 화두를 꺼내자 우리의 대화가 잠시 중단되었다. 갑자기 그녀의 얼굴에 괴로운 기색이 역력했다. 우리는 함께 괴로움의 근원을 찾아갔고, 마침내 그녀의 내적 갈등과 마주하게 되었다. 나는 그녀에게 이렇게 말했다.

"잘 보세요. 당신도 힘을 갖고 있어요. 그건 바로 저항의 힘이죠.

당신은 비록 이것을 말로 표현하지는 않지만 행동이 보여주고 있어요."

그녀는 깊은 한숨을 내쉬며 대답했다.

"맞아요. 저는 변화하고 싶지 않아요. 친구들의 압박 때문에 억지로 변하려고 했을 뿐이에요." 그녀는 항상 스스로 자아가 없다고 생각했지만 실은 자아를 찾는 것 자체를 두려워했던 것이다.

그녀의 나약하고 의존적인 태도는 타인과의 관계에서 일상이 되어버렸기에 스스로 지금 자신이 어디에 있는지도 늘 혼란스러웠다. 변화를 강요받은 것에 대해 분노를 느끼고 있던 무의식의 저항 때문에 상담이 차질을 빚었던 것이다(의식적 차원에서 겉으로는 협조적이었지만, 그녀의 무의식은 행동과 감정에서 강력히 저항함으로써 자아를 보호하고자 했다).

우리는 남이 아닌 자신을 위한 결정을 해야 한다. 이 여성은 정말로 다른 사람을 위해 상담을 받으러 온 걸까? 물론 표면적으로는 그렇다. 친구들이 그렇게 요구했으니 친구들에게 버림당할까 두려워 순응하는 모습을 보였을 것이다.

그렇다. **그녀의 모든 행동의 근원은 친구가 떠날 수도 있다는 두려움**이었다. 그녀는 혼자 남겨질까 봐 전전긍긍했고 이러한 두려움은 늘 그녀를 괴롭혔다. 이것이 바로 그녀를 상담실로 이끈 근본적인 이유였다.

만약 상사가 당신에게 "이 일을 제대로 성사시키지 못하면, 출근할 필요도 없어!"라고 말했다고 상상해 보자. 그럼 당신은 오직 상사를 위해 이 일을 열심히 해야겠다고 생각하는가? 그렇지 않다. 상사와 당신은 이익을 공유하고 있으므로 이 일을 성사시키는 것은 두 사람 모두에게 필요하다.

앞서 언급한 여성의 친구들 역시 서로 변화하고, 서로를 대하는 방식을 바꾸면 우정에 도움이 되리라 생각했던 것이다. 하지만 회사 내에서의 타인의 요구와 일상에서의 타인의 요구사항은 다르다. 공동의 목적이라는 미명으로 타인이 나의 일상과 사상을 바꿀 권리는 없다.

우리는 변화하지 않는 것을 선택할 권리가 있다. 그 결과를 감내할 수 있다면 말이다. 만약 당신이 불안, 두려움, 외로움 등 모든 불편한 감정의 고통을 견딜 수 있다고 확신한다면 아마도 당신에겐 변화에 대한 동기부여가 부족할 것이다. 모든 변화는 내면 깊은 곳의 간절함에서 시작되기 때문이다.

변화를 시도하는 사람 중 많은 이들이 자신의 나약함은 간과한 채, 타인의 압박과 강요 때문에 어쩔 수 없이 변화하는 것이라고 말한다. 우리는 성인으로서 선택의 자유를 갖고 있음을 늘 기억해야 한다.

변화할 준비가 되었는가?
내면의 목소리에 귀를 기울이자

우리 함께 지난날의 자신을 돌아보자. 그동안 나는 항상 다른 사람이 하라는 대로만 행동한 건 아닐까? 자신의 내적 요구에 귀 기울이고 이를 위해 노력한다면 내면의 힘은 더욱 강해질 것이다. 이를 위해서는 준비가 필요하다. 마치 심리 상담을 시작하기 전에 내담자가 확실히 마음의 준비를 했는지 확인하는 작업이 필요한 것처럼 말이다. 일단 마음의 결단이 서면 적대심이나 파괴적 충동도 잦아들고 변화에 대한 반발심도 줄어든다. 그러나 준비되지 않은 채 성급하게 시작하면 진행 과정에서 많은 어려움을 겪게 된다.

그러므로 시작하기 전에 충분한 마음의 준비를 하는 것이 매우 중요하다. 물론 준비되었다는 것은 지극히 객관적인 개념이며, 완벽히 준비될 때까지 기다리는 것은 사실상 불가능하다. 또한 도중에 갖가지 돌발 상황이 발생할 가능성도 있다.

몇 년 전, 대학을 막 졸업한 여학생이 상담을 받으러 찾아왔다. 매우 순종적이었던 그녀는 대학 졸업 전까지 인생의 모든 선택의 순간마다 부모님의 계획을 따랐다. 그녀는 이미 특정 분야에서 높은 성과를 거두었지만, 부모님은 항상 더 많은 것을 요구했다.

그러던 어느 날 문득, 그녀는 더 이상 부모님의 욕심을 위해 자신을 희생하고 싶지 않다는 생각이 들었다. 자신의 생계를 위해서 일

자리가 필요했지만 전공을 살리고 싶지는 않았다. 그녀는 그동안 온 힘을 다해 매달렸던 전공에 이미 질릴 대로 질려 있었으며, 그간의 모든 노력과 성과는 오로지 부모님을 위한 것이었음을 깨달았기 때문이다. 나는 그녀에게 이렇게 말했다.

"지금부터 당신이 내딛는 모든 발걸음은 부모님이 아닌 자신을 위한 것입니다."

이 말 한마디는 그녀의 인생에 터닝포인트가 되었다. 다시는 쳐다보기도 싫던 전공이 훌륭한 커리어로 제 역할을 해내기 시작했고 그녀는 진심을 다해 더 몰두했다. 작은 도시에 머물던 그녀는 대도시로 직장을 옮기면서 수입도 크게 증가했다.

최근에 나는 그녀에게 이메일 한 통을 받았다. 그녀는 지금 남쪽의 대도시에 정착해서 잘살고 있고, 부모님은 변화한 그녀를 무척 자랑스러워하며 더 이상 그녀에게 최고를 강요하지 않는다고 했다.

부모님의 인정을 받겠다는 목표 하나로 달려온 학창 시절부터 자신의 전공을 살려 큰 도시에서 자리를 잡기까지, 한없이 높은 목표를 요구하셨던 부모님이 그녀를 진심으로 자랑스러워하기까지, 그녀의 인생은 마치 한 편의 드라마 같았다.

아마도 여러분은 이런 질문을 할 수도 있다. "그때 그녀는 완전히 준비되어 있었나요?" 당연히 아니었다. 그저 고통과 억압, 억울함에 허덕이고 있을 뿐이었다. 그녀는 이러한 삶에서 간절히 벗어나고 싶었기에 심리 상담이 무엇인지조차 잘 모르지만 새로운 무언가에 눈을 돌리려고 애썼다. 그리고 그녀는 적어도 한 번은 시도해 봐야 한다고 생각했다. 시도조차 하지 않으면 이것이 맞는 길인지 알 수 없으니 말이다.

사실 그녀와 상담하면서 많은 어려움이 있었다. 때로 그녀가 분노에 차서 아무 말도 하지 않을 때면 그 상태에서 막혀버리기도 했지만 우리는 이에 포기하지 않고 재차 시도했다. 이러한 반복적인 시도 속에서 그녀는 그동안 느낄 수 없었던 에너지를 느꼈고 이는 그녀의 자신감에 힘을 실어주었다.

누군가 "전 언제 변화를 시도하면 좋을까요?"라고 물어본다면 나는 이렇게 대답할 것이다.

"당신이 거의 준비되었을 때 시작하면 됩니다. 성장을 시도하며 변화를 느껴보세요."

깨달음을 얻고 더 존엄한 삶을 살고자 한다면 내면의 목소리를 들어 보자.

"나는 변화를 원하는가?"

진심으로 변화를 원한다면 자신의 변화를 위해 주변의 자원들을 적극적으로 활용해야 한다.

혹시 변화를 원하지 않거나 아직 준비가 되지 않았다면 그래도 괜찮다. 그 선택 또한 자유이므로 자신의 생각을 그대로 존중하자. 언제가 됐든 스스로 변화를 원할 때가 바로 최적의 타이밍이다.

변화를 위해서는 변화에 맞설 자신감과 진실함이 준비돼야 한다. 변화란 쉽지 않은 길임을 우리는 잘 알고 있다. 특히 성격이나 행동 방식을 바꾸는 것은 오랜 시간과 인내가 필요하다. 만약 변화를 시도하자마자 마법 같은 효과를 볼 것이라는 환상을 품었다면 크게 실망할 것이다. 양적 변화가 차고 넘치는 순간, 비로소 질적 변화가 이루어짐을 기억하자.

이 길은 힘들고 지루한 여정이 될 수도 있고 복잡한 감정으로 매우 괴로울 수도 있다. 이 같은 상황도 당당히 마주하겠다는 자신감을 깃고 장기적이고 발전적인 시각으로 변화의 과정을 지켜본다면 자신의 공간을 넓히는 데 큰 도움이 될 것이다. 어떤 일이 일어날지를 사전에 가늠하고 일련의 과정을 이해하게 되면 불확실성으로 말미암아 느끼는 불안과 두려움도 크게 줄어들 것이다.

진실한 태도로 자기 자신을 대면하는 것은 내면의 허물과 부정적인 감정, 무력함, 공포를 직시하는 것을 의미한다. 사람들은 이런 불가피한 상황을 본능적으로 거부하곤 한다. 남의 비위를 맞추는 자신의 행동 패턴을 바꾸고 싶다면 자신의 공허함과 취약한 면을 볼 수 있어야 하며, 자신의 내면에 스스로도 인식하지 못했던 여러 가지 다른 성향도 있음을 알아야 한다. 자신을 변화시키는 것은 어렵지만, 준비된 상태에서 목표를 이루는 것은 불가능하지 않다.

178

회피는 앞으로 나아가는 길에서 부딪히는 가장 큰 걸림돌이며 전진 속도를 크게 늦춘다. 하지만 사람들은 회피를 통해 일시적인 안정감을 느끼기 때문에 습관적 또는 본능적으로 회피를 선택하기도 한다. 물론 회피가 필요할 때도 있다. 큰 공포나 고통, 놀람을 느낄 때 회피는 자신을 지키는 보호막 역할을 한다. 하지만 반복된 회피는 오히려 자신에게 상처를 남긴다.

자신의 취약함을 제대로 직시하고 용기 있게 변화에 도전하는 것은 매우 힘들고 고통스러운 일이긴 하지만, 이는 강력한 에너지를 불러일으킨다. 이 과정에서 다양한 자신의 모습을 발견하게 되고 삶의 경험 또한 풍부해질 것이다.

변화를 시도하면서 도망치고 싶다는 느낌이 들어도 자책할 필요가 없다. 고통을 피하는 것은 인간의 본능이기에 비난받아서는 안 된다. 현재의 고통을 이해하려고 노력하며 자신에게 이렇게 말해 보자.

> "괜찮아. 여유를 가지고 천천히 하면 돼. 성장은 계단을 하나씩 오르는 거야. 똑같은 훈련이 반복되는 것 같아도 나는 분명히 조금씩 발전하고 있을 거야."

나 자신은 독립적인 존재임을 깨닫고 스스로를 제대로 바라보자. 이는 여러분이 현재의 삶에 튼튼한 뿌리를 내려 더 이상 타인에게 의존하지 않고 스스로 우뚝 설 수 있도록 해줄 것이다.

내면의 쉼표를 찾는 여정

- 준비물 : 펜과 노트
- 소요 시간 : 15~30분

방해받지 않는 시간과 공간이 준비됐는가?

이제 15~30분 동안 오롯이 자신에게 집중하는 시간을 가져보자.

• 앞에서 했던 것처럼 조용한 장소를 찾아 몸의 모든 부위를 최대한 편안하게 만들고 깊게 심호흡하자. 밖에서 무슨 일이 일어나든지 상관없다. 나는 나의 중심에 있고, 호흡과 함께하고 있다.

• 외부의 모든 것을 내려놓고, 자신과 함께 하는 이 순간에 집중하자. 이제 나와 함께 할 빛을 가까이 초대해 보자. 빛의 온도나 밝기, 색상은 모두 내가 원하는 대로 정할 수 있다.

이 빛은 나에게 결정의 힘을 실어준다. 빛 속에 들어가 따뜻한 응원의 힘, 누군가 나와 함께 하고 있다는 동행의 힘을 느껴보자. 충분하다고 느낄 때까지 오래, 더 오래 머물러 보자.

이 빛의 보호 속에서 여러분은 원하는 모든 일을 할 수 있다.

이것은 용기와 희망의 빛이다.

이제 나의 마음에 씨앗을 심어보자.

이 씨앗은 앞으로 나에게 결정의 힘을 안겨줄 것이다. 아무런 평가도 하지 말고 씨앗의 생김새와 크기를 천천히 살펴보자. 비옥한 토양은 씨앗이 뿌리를 내리고 싹을 틔우기만을 기다리고 있다.

　이 씨앗이 잘 자라는지 틈나는 대로 자주 돌보길 바란다. 씨앗은 여러분과 함께 성장할 것이다.

　이 모든 활동을 끝냈다면 천천히 호흡하며 현재의 감정을 느껴보자.

"나는 방금 어떤 경험을 했는가?"

　천천히 눈을 뜨고 이 경험에 관해 적어보자.

방법의 힘:
'자유롭게 열려 있는 주의 집중' 훈련 4단계

남의 비위를 맞추는 행동 패턴을 바꾸기 위한 마음의 준비를 했다면 이제 해결책을 찾아야 한다. 먼저 습관적으로 남의 비위를 맞추는 자신의 행동 패턴을 제대로 파악하는 것이 중요하다.

보통 이런 사람들은 타인과의 관계에서 자아를 과도하게 소모하는 경우가 많은데 지금 무슨 일이 일어나는지, 자신이 어떻게 되어가고 있는지조차 이해하지 못하기도 한다. 타인과의 관계 속에서 자신이 어떤 존재인지 정확히 인지하지 못하면 조정이든 변화든 쉽지 않은 길이 될 것이다.

일부 내담자와 네티즌들은 통찰력 강화 연습을 통해 혼란스럽고 흐릿했던 생각이 점점 또렷해지고 정신이 맑아졌다는 후기를 전했다. 나 역시 이 연습을 통해 점차 성장한 케이스로서 그들의 피드백에 깊이 공감한다.

어느 내담자가 이렇게 말했다. "저는 반년 동안 상담을 받고 나서 운전할 때 10cm와 1cm의 거리 차이까지 정확히 느끼게 됐어요. 저 스스로도 정말 신기했어요." 그녀 자신조차 어떻게 이렇게 된 건지 확신하지 못했지만 거리에 대한 감지 능력이 향상되었음은 분명했다.

또 다른 어떤 여성은 남편과 말다툼을 할 때 자신이 매우 논리적으로 조리 있게 말하기 시작했다고 했다. 과거 그녀는 남편이 무슨 말을 하든 반격할 의욕도 없었고 남편의 말을 제대로 이해하지도 못했다. 그러나 성장 상담을 받은 후 논리력이 크게 향상되면서 남편은 그런 아내를 예전처럼 무시할 수 없었다. 그녀는 예전에는 다른 사람이 하라는 대로만 행동했기 때문에 늘 타인에게 끌려다니는 듯한 무력감을 느꼈지만, 자신감이 높아지면서 그런 느낌이 많이 줄었다고 전했다.

그런데 안타깝게도 여전히 많은 사람이 자기 내면의 감정이나 생각을 명확히 인지하지 못하고 무의식적으로 남의 비위를 맞추는 행동을 되풀이하고 있다. 통찰력이 부족하면 이런 단순한 반복은 끝없이 이어진다. 타인과의 관계 속에서 자신이 어떤 모습인지 제대로 인지해야 치유의 기회를 잡을 수 있다.

나는 깨달음을 얻은 사람들은 용감한 '통찰자'라고 생각한다. 여

기서 말하는 '통찰'이란 자기 자신을 깊게 이해하고 깨어 있는 상태를 유지하는 것으로 현재의 상황에 집중하며 어떠한 판단도 하지 않는다. 우리는 관찰형 자아를 통해 자신에게 적절한 피드백을 주고 통찰력을 높여야 한다.

프로이트는 정신분석 치료의 주요 기법 중 하나로 '자유롭게 열려 있는 주의 집중evenly suspended/hovering attention'을 제시했다. 이는 '기억이나 욕망이 없는 주의력'을 의미하는데, 분석가는 자신의 주의력을 공중에 떠 있게 유지하고 분석 대상(통상적으로 분석 대상자나 내담자를 칭함)의 주의력 또한 마찬가지로 유도한다. 그들의 지각, 감각, 생각이 자유롭게 떠다니도록 하여 더 넓은 심리적 공간을 확보함으로써 분석 대상의 무의식적인 측면을 이해하는 것이다.

심리적 충격을 받았을 때 이 치료 기법을 사용하면 단지 감정 자체뿐만 아니라 그 감정에 어떤 배경이 존재하는지도 알 수 있다. 이 기법을 사용할 때는 분석가처럼 한발 물러서서 주의력을 공중에 떠 있게 만들어야 한다. 이렇게 감정과의 간격을 벌리고, 현재의 관찰 대상(감정이나 감정의 배경)을 단지 관찰하기만 한다. 다른 역할에 이입하거나 과하게 노력하지 않고 간섭도 하지 않으며, 그저 이해와 기록을 돕는다.

나는 변화를 원하는 여러분과 함께 '자유롭게 열려 있는 주의 집중'을 키우는 연습을 할 것이다. 이는 남의 비위를 맞추는 성격 때문에 느끼는 절망감을 개선하는 데 도움이 된다.

강력한 인생 조언자를 얻기 위한 4단계 훈련

지금부터 우리가 해야 할 일은 관찰, 반성, 체험, 이해이다. 첫 번째 단계인 관찰을 통해 우리는 내면에 반성의 공간을 만들고 더 깊은 체험을 할 수 있으며, 궁극적으로 이해의 폭을 넓힐 수 있다.

구체적으로 말하면 우리는 어떤 일이 일어났을 때 자신의 감각, 두뇌, 논리 능력, 감정 능력을 동원하여 방금 경험한 일을 돌아보고 그 안에 있는 감정과 갈등을 체감한다. 그리고 이러한 정보를 고찰하고 가공함으로써 새로운 이해를 만들어낸다. 이것은 현재를 기반으로 과거를 돌아보고 이해한 뒤, 다시 현재로 돌아오는 과정이다.

이어지는 몇 가지 단계를 진행할 때 가장 중요한 것은 '진실함'과 '판단하지 않는 것'이다. 진실함은 솔직함, 어떠한 꾸밈도 없음을 의미한다. 이를 위해서 우리는 내면을 직시하고 수치심에 도전하는 용기를 가져야 한다. 그리고 판단은 우리의 힘을 약화할 수 있으므로 잠시 옆에 두고 보류해야 한다. 여기서 명심해야 할 것은 이 과정에서는 누구에게 설명하거나 보여줄 필요도 없고, 스스로 피드백을 주면서 자신을 초조하게 할 필요도 없다는 것이다. 단지 그것을 진심 어린 마음으로 바라보고 있기만 하면 된다.

이러한 심리적인 준비를 마쳤다면 다음 단계를 진행할 수 있다.

첫 번째 단계는 '관찰'이다. 말 그대로 무슨 일이 일어났는지 관찰하는 것이다. 여기에는 알 수 있는 사실, 관찰 과정에서 들었던 생각, 동반되는 감정과 느낌이 포함된다.

예를 들어 방금 전 상사에게 핀잔을 들었다고 가정해 보자. 당신은 당황스러운 마음에 상사가 무리하게 요구한 일을 깊게 생각하지 않고 바로 수락해버렸다. 사실 당신은 이 일을 해낼 능력이 안 된다는 것을 스스로 너무도 잘 알기에 두려움과 후회가 밀려왔다.

여기에서 알 수 있는 사실은 무엇일까? 당신이 상사의 요구를 수락했다는 것이다. 그리고 그때 당신의 생각은 '나는 상사에게 안 좋은 이미지를 주고 싶지 않다'이다. 이에 동반되는 감정과 느낌은 초조함, 두려움, 후회이다.

자유롭게 열려 있는 주의 집중은 마치 거울처럼 사실을 있는 그대로 반영하며 어떠한 판단과 편견도 갖지 않는다. 어떤 일이 발생하면 발생한 것이고, 어떤 현상이 나타나면 나타난 것이다.

자, 이제 사실, 생각, 감정을 각각 추출하여 분류하고 정리해 보자.

어떤 사람들은 "전 무엇이 사실이고 생각이고 감정인지 모르는데 어떻게 해야 하죠?"라고 질문할 수도 있는데, 그래도 괜찮다. 천천히 연습하다 보면 곧 감을 잡게 될 것이다.

사실은 하나의 사건이다. 그러므로 최대한 객관적인 관점으로 봐야 한다. 사실을 쓸 때는 서술적인 단어나 문장을 쓰도록 한다. 신문 기사처럼 발생한 사건 자체만을 서술하고 최대한 정확하게 표현한다.

생각은 어떤 일에 대한 관점이나 연상되는 것을 의미한다. 예를 들면 "휴가 때, 고향에 돌아가서 뜨거운 국수 한 그릇도 먹고 친구들을 만나는 것이 너무 기대돼요!"와 같은 맥락이다.

감정은 정서적 체험을 나타낸다. 감정을 나타내는 단어는 많이 있는데 우리가 흔히 말하는 기쁨, 분노, 슬픔, 즐거움, 속상함, 두려움, 놀람 같은 기본적인 감정 이외에도 절망, 실망, 무력감, 혼란, 혼동 등이 있다. 또한 아픔, 뻐근함, 어지러움과 같은 신체적인 감각도 포함된다. 이러한 단어들은 우리의 감정과 신체적인 감각을 세분화할 수 있다.

이 같은 개념을 처음부터 명확하게 구분하려고 서두를 필요는 없다. 조금씩 연습하면서 천천히 익히다 보면 이 개념들을 분별하는 능력이 자연스럽게 길러질 것이다.

두 번째 단계는 '반성'이다. 이는 계속해서 "왜?"라고 질문하며 더 깊이 있는 사고를 하는 단계이다. 발생한 일의 사실, 생각, 감정에 근거하여 스스로 "왜?"라고 물어보는 것이다.

핀잔을 주는 상사를 만나는 예시로 다시 돌아가 보자. 우리는 자기 자신에게 다음과 같은 질문을 할 수 있다.

"왜 내가 상사의 요구를 수락했을까?"

-> "생각할 시간이 없었고, 당황해서 그랬지."

"왜 나는 그렇게 당황했을까?"

-> "좀 무서웠어."

"왜 무서웠지?"

-> "상사에게 안 좋은 이미지를 남길까 봐 걱정됐어."

"안 좋은 이미지를 남기는 것이 왜 나를 두렵게 만들까?"

-> "이미지가 좋지 않다는 건 나에 대한 평가잖아. 나는 평가 받는 게 두려워."

  이런 식으로 연속된 질문을 하면서 최소한 5번의 "왜?"를 물어 보도록 하자. 이 같은 내적 질문은 문제의 본질에 다다를 수 있도록 도와준다. 솔직하게 자신을 대하고 질문을 회피하지 않는다면 "왜?" 뒤에는 상응하는 답변이 자연스럽게 따라오게 된다. 만약 위의 질문을 계속 이어간다면 이 같은 대답이 나올 것이다. "왜 나는 평가를 두려워하게 되었을까? 그건 바로 어릴 적 엄마가 했던 말이 생각이 나서야. 엄마는 내가 거절하는 건 엄마에게 상처를 주는 거라고 했어. 그리고 그럴 때마다 나를 외면했지."

  이렇게 깊이 파고들다 보면 더 많은 원인을 찾게 된다. 그 원인들은 서로 연계되어 있으므로 자신의 사고 과정의 연쇄 반응을 볼 수도 있다. 이 예시에서 더 깊은 수준의 질문을 한다면 아마도 다음과 같은 대답이 나올 것이다. "내가 상사의 요구를 무조건 순응한 이유는 내가 거절하면 상사도 우리 엄마처럼 나를 외면할 것 같아서야. 심하면 직장에서 쫓겨날 수도 있잖아."

자, 심층적 원인을 찾았다면 다음 단계는 '체험'이다.

세 번째 단계인 '체험'은 내면화 과정이다. 어떤 일이든 자기 자신의 마음을 거쳐야만 나의 것이 될 수 있다.

우리는 자신의 감정과 생각을 파악했고 발생한 사실을 보았으며 "왜?"라는 무수한 질문도 했다. 이제는 이 모든 것을 마음의 공간에 조심스레 내려놓고 깊숙이 스며들게 하자. 그리고 나서는 평소처럼 일하거나 공부하면서 일상생활을 해도 되고 원하는 책이나 영화를 보는 등 나에게 활력을 주는 일을 해도 된다. 크게 노력할 필요 없이 이 정보들을 마음속에 갖고 있기만 하면 무의식이 움직이면서 답을 찾아 줄 것이다.

나는 『내면의 아이를 포옹하라擁抱你的內在小孩 : 내면의 두려움을 사랑으로 치유하기』라는 책에서 다음과 같은 문장을 보았다.

"우리는 각종 보상이나 중독적인 행동으로 공포를 가리려고 한다. 그러나 공포가 어딘가에 남아 있는 한 지속적인 불안을 야기하고 창의력을 파괴하며 까다롭고 의심 많은 성격을 만든다. 그리고 최악의 경우에는 공포가 사랑에 대한 열망을 파괴하기도 한다."

이 문장은 나에게 다소 충격적이었다. '공포가 사랑에 대한 열망을 파괴한다'는 것은 전혀 생각지도 못했던 관점이었으며 이 수준까지 이해해 본 적이 없었기 때문이다. 나는 이 문장을 통해 공포의 복잡하고 예민한 감정을 온몸으로 느꼈고 이를 드디어 말로 표현할 수 있게 되었다. 그 순간 누군가가 나를 단단히 지탱하는 느낌을 받았다. 그 느낌은 나 자신에게서 나온 것이었으며 내 마음을 거쳐 더욱 풍부해졌다.

'내면의 다양한 감정을 세심하게 느끼고 친절하게 자신을 대하며 탐구하고 찾아가는 것', 이것이 세 번째 단계의 핵심이다.

네 번째 단계는 '이해'이다. 이해 역시 하나의 과정이라 할 수 있다. 앞서 언급했던 관찰과 반성, 체험이 '나'라는 주체에 초점을 맞추었다면, 이해 단계에서는 자기 자신뿐만 아니라 타인이나 주변 사물에도 주목한다. 이 부분에서 우리는 '나와 그(것)의 연결'을 시도할 것이다.

자신의 감정으로 한 사람을 이해하고, 자신의 사고방식으로 한 사건을 이해하며, 자신의 논리로 한 가지 사실을 이해하는 과정이다. 앞서 언급한 사례를 다시 보면, 상사로부터 압박과 불안을 느끼는 당신은 이와 비슷한 경험을 한 사람들의 감정을 이해할 수 있다. 또한 자신의 공포를 체감하는 순간, 내면의 겁에 질린 아이가 얼마나 무력한지 절실히 느낄 수 있다.

이 문제를 고찰하는 과정에서 모든 사람은 저마다 위기를 대처하는 논리를 갖고 있음을 알게 될 것이다.

누군가 최선을 다하는 모습을 보면 우리는 자신의 노력을 돌아보게 된다. 이는 우리가 자신의 한계를 받아들이는 데도 도움이 된다.

이전 장에서 감정과 사고 논리를 설명하고자 많은 내용을 다뤘는데, 여러분에게 전달하고 싶었던 핵심이 바로 '이해'이다. 나는 지난 10여 년간 임상 상담을 하면서 깊은 확신이 들었다. **이해는 우리가 고통을 대처하는 데 큰 도움을 준다는 것을.**

위의 4가지 단계를 반복적으로 시도하면서 점차 습관으로 만들어가는 것이 좋다. 과거에 있었던 일들을 여러 차례 정리하는 것은 자아 관찰을 반복적으로 수행하는 것과 같으며, 이는 세상을 더 깊게 이해하는 데 밑거름이 된다. '자유롭게 열려 있는 주의 집중'은 이러한 관찰 과정에서 점진적으로 형성되는데, 이런 능력을 갖추게 되면 강력한 조력자를 얻은 것처럼 큰 도움이 될 것이다. 혹시 현재 상담을 받는 중이라면 상담사가 자아 관찰 실천의 일부가 되어 피드백을 줄 수도 있다.

자, 우리 함께 조금씩 천천히 시도해 보자.

내면의 쉼표를 찾는 여정

- 준비물 : 펜과 노트
- 소요 시간 : 15~30분

    조용한 장소를 찾아 몸의 모든 부위를 최대한 편안하게 만들고 깊게 심호흡하자. 그리고 머릿속의 모든 생각이 그대로 존재하도록 허용하자. 그저 관찰하되, 판단하지 않는다.

    에너지와 지혜를 온몸으로 느끼며 빛을 나의 곁으로 다시 초대하자. 내가 원하는 대로 온도와 밝기, 색상을 바꿀 수 있으며 편안함을 느낄 때까지 계속 바꿔도 좋다.

    이 빛과 함께 천천히 이번 장의 내용을 기억해 보자.

    일상생활에서 방법의 힘과 관련된 경험이나 생각을 한 적이 있는가? 이를 통해 나는 어떤 것을 얻었는가?

    머릿속에 떠오르는 내용을 천천히 기록해 보자.

경계의 힘 I :
나와 타인의 경계선 긋기

우리는 14장에서 자유롭게 열려 있는 주의 집중을 키우는 방법에 대해 이야기했다. 반복된 연습을 통해 민감성을 향상하면 자기 자신을 더 깊게 이해하게 될 것이다. 그런데 안타깝게도 해답을 찾지 못하고 무언가에 얽매여 있는 사람이 여전히 많다. 오직 '자기 자신'의 각도에서 관찰하였기 때문에 오류가 생긴 것이다.

우리는 나와 타인과의 관계로 다시 돌아와서 "이게 과연 건강한 관계일까?"를 확인해야 한다. 이것이 바로 이번 장의 핵심 내용인 '나와 타인의 경계 설정'이다.

환상 속의 사람과 현실 속의 사람은 같은 사람인가? 환상 세계와 현실 세계에는 어떤 차이가 있을까? 내가 세상을 어떻게 바라보느냐에 따라 나의 인식이 달라지고 스스로에 대한 이해가 깊어진다.

하지만 내가 본 것이 세상의 본모습이라고는 확신할 수 없다.

예를 들어 내가 상사의 요구를 거절하면 그는 정말 나를 안 좋게 생각할까?

이에 정답은 없다. 이는 상사가 본래 어떤 사람인지에 따라 달라지며, 사람들마다 보는 시각도 각기 다르다.

> 이때 스스로 자문해 보자 : "나는 지금 상대방이 결정하는, 통제할 수 없는 결과에 내 모든 것을 걸고 있는 건 아닐까?"

혹시 여러분은 이런 경험이 있는가? 현재 자신이 성공 확률이 50%인 일을 하고 있지만, 실패의 위험을 간과했던 과거의 경험을 감안해서 상대방이 자신이 예상한 대로 반응할 것이라고 100% 확신했던 경험 말이다.

만약 나를 판단하는 권한을 완전히 상사에게 맡긴다면 이런 생각이 들 것이다. '내가 잘해야 상사가 나를 좋게 볼 거야. 잘하지 못하면 그는 나를 응징할 수도 있어.'

반면 나를 판단하는 권한을 내가 쥐고 있다면 '나는 나와 다른 사람을 위해서 최선을 다할 거야. 상사가 나를 좋게 보면 다행이지만 혹시 이 일로 상사에게 안 좋은 이미지를 남기더라도 그건 진짜 내 모습이 아니야. 상사가 나를 안 좋게 평가하는 이유가 내 탓이라면 열심히 노력해서 개선하면 되지'라고 마음먹게 될 것이다.

이 두 가지 사고 논리는 상반되는 방향을 향한다.

첫 번째 유형의 사람은 자신이 틀에 갇혀 있는 느낌을 즐긴다. 이들은 자신의 환상을 유지하면서 나만 충성하면 다른 사람들이 자신이 원하는 방식으로 대해 줄 것이라고 굳게 믿는다. 이는 매우 무력하고 나약한 통제 방식이다. 이처럼 내적인 나약함과 통제력 상실 문제를 겪는 이들은 '충성'을 무기로 타인이 생각하는 나의 이미지를 통제하려고 한다. 그리고 때로는 자신의 경계선을 허물어 다른 사람들이 자신에게 언제든지 요구할 수 있도록 허용한다. 이는 자기 자신을 판단하는 권한을 남에게 고스란히 넘기는 것과 같다.

사람들은 번번이 벽에 부딪히고 나서야 자신이 타인의 생각과 견해를 통제할 수 없다는 것을 깨닫게 된다. 이 점을 깨달아야 경계선이 무너진 느낌에서 벗어날 수 있다. 이는 또한 나 자신을 직면하고 직접 책임지며 자신만의 경계선을 긋는 진정한 시작을 의미한다.

한 여성이 나에게 자신의 옛 친구에 대해 이야기했다. 그 친구는 물건을 대신 사달라는 등 항상 그녀에게 무언가를 부탁했다. 처음에는 이러한 부탁들이 별거 아니라고 생각해서 순순히 다 들어줬다. 그러던 어느 날, 반대로 그녀가 도움을 요청하자 그 친구는 매정하게 거절했다. 이에 그녀는 크게 분노했다. '친구끼리는 서로 도와야 하는 거 아냐?'

그 친구는 그녀를 친구가 아닌 '도구'로 여겼기 때문에 자신은 도움을 주지 않으면서 부탁만 했던 것이다. 그녀는 이 사실을 깨닫고 그 친구를 멀리하기 시작했다.

'안 돼'라고 단호하게 말하는 것은 자신을 지키는 가장 기본적인 보호막이자 자신의 무력감에 대항하는 중요한 전략이다.

사실 세상에는 규칙을 존중하지 않는 사람도 많다. 나는 그저 최소한의 예의를 원했던 것뿐이지만 상대방은 이에 아랑곳하지 않을 수도 있다. 그렇다 해도 우리는 자신의 내적인 규칙을 지켜야 한다.

경계에 대한 가장 기본적인 인식은 다음과 같다.

> "나에겐 내 영역이 있고 너에겐 네 영역이 있음을 서로 존중한다. 서로의 영역이 때로 교차할 때도 있지만, 이는 내 것 또한 너의 것임을 의미하지 않는다."

이것이 바로 나와 타인의 이상적인 경계이다.

어떤 사람은 '너는 나에게 의존할 수밖에 없어'라는 권력을 휘두르기도 한다. 만약 이때 그의 권력을 인정한다면 나 자신의 힘은 약화할 것이다. 이러한 상황에서 "안 돼"라고 말하는 것은 내가 주체적인 존재로서의 존재감을 잘 유지하도록 지켜준다. 그러므로 언제나 이 점을 명심하자.

'나는 성인이기에 남에게 의존할 필요가 없다.'

현실 속에 감춰진 진실을 보면 우리는 깨닫게 될 것이다. 타인이 나를 그에게 의존하게 만드는 것은 단지 그의 희망 사항일 뿐이며 나는 그것을 만족시킬 필요가 없음을.

그런데 다른 사람이 원하는 요구를 들어주지 않으면 양심의 가책을 느끼는 사람도 많다. 누군가를 거절할 때는 두려움뿐 아니라 죄책감의 관문도 넘어야 한다. 죄책감에 대처하기 위해서는 이 문제를 누가 책임져야 하는지를 확실히 파악하는 것이 중요하다. 매우 복잡하고 고통스러운 관계에서는 '나는 모든 사람을 위해 책임져야 하며, 모든 사람은 나를 위해 책임져야 한다'라는 인식이 배어 있다.

나는 여기서 몇 가지 질문을 하고자 한다. "누가 이에 대한 책임을 져야 하는가?", "가족의 탈을 쓴 '함께'라는 모순된 공생의 환상이 개인에게 어떤 영향을 미치는가?" 그리고 우즈훙 박사가 자주 언급했던 것처럼 "가족은 왜 상처를 주는가?" 이 모든 것은 사실 경계의 문제, 즉 사람들의 경계가 명확하지 않기 때문에 발생한다.

물론 어린아이들은 경계가 명확하지 않을 수 있다. 하지만 사람은 성장하면서 공생에서 독립으로 가는 과정을 겪어야 한다. 아이의 정신적 발달이 독립 상태에 이를 때까지 부모의 세심한 양육이 필요하지만 아이의 정신적 발달까지 살피는 부모는 많지 않다.

부모와 아이의 경계가 명확하지 않기에 부모에게 아이는 단지 '도구'일 뿐이며 아름다운 한 개인, 사랑받는 한 개인으로 존재하지 않는다. 많은 부모가 아이를 양육하면서 이 같은 기대를 건다. "너는 나에게 얼마큼 보답할 거니? 널 먹이고 입히고 공부시켰으니 언젠가는 꼭 갚을 거지?" 가장 흔히 볼 수 있는 보상 요구는 "내가 너를 키워줬으니 이제 네가 다른 형제나 집안의 모든 일을 책임져야 해!"라는 것이다.

이러한 가정에서 자란 아이는 부모의 기분이 좋지 않으면 재빨리 반응하여 요구를 충족시키는 등 늘 부모의 감정에 얽매여 책임지려고 한다. 이 아이들에겐 중대한 임무가 있다. 그건 바로 빚을 갚는 것. 아이는 이렇게 하지 않으면 부모에게 큰 빚을 졌다는 죄책감에 사로 잡힌다. 자신이 모든 책임을 지면 죄책감이 사라지는 것처럼 느끼기 때문에 이런 유형의 아이는 남의 비위를 맞추는 성향으로 자라기 쉽다.

어떤 사람들은 부모님에게 진 '빚'을 갚고 또 갚다가 어느 순간 급브레이크를 밟기도 한다. 빚만 갚다 보니 자신의 미래를 갉아먹고 있음을 느끼게 되고, 계속 가족을 책임지다 보니 자신을 책임져 줄 사람이 필요해진 것이다. 우리는 이쯤에서 그들의 결말을 짐작해 볼 수 있다. 그 가족의 관계는 더 악화되고 더 불행해지며 자기 자신을 포함한 모든 사람에게 공격적인 삶을 살게 되지 않을까.

나는 이런 아이들에게 말하고 싶다 : "이제 멈추세요. 지금 여러분이 해야 할 일은 다른 사람이 아닌 자기 자신을 책임지는 거예요."

무겁디무거운 '인생의 빚'을 어깨에 메고 걸어가는 아이가 과연 자신을 행복하고 의미 있으며, 가치 있는 존재로 느낄 수 있을까? 아마도 그렇지 못할 것이다. 나는 그동안 남의 비위를 맞추며 사는 수많은 사람과 대화를 해 봤지만 그중에 긍정적인 생각을 하는 사람은 극히 드물었다. 그들의 내면은 이미 거칠게 메말라서 새싹이 틀 거라는 기대조차 하지 않는 듯했다.

설사 다른 사람이 나를 도구로 생각한다고 해도 내가 정말 도구가 되는 건 아니다. 다른 사람의 눈에 비치는 모습은 진짜 내 모습이 아님을 기억하자. **내가 자신을 도구라고 생각하지 않는 이상, 난 그렇게 되지 않을 것이다. 나는 나 자신이자, 한 인격체이다.**

그러므로 부모님이 짊어져야 할 책임을 우리에게 떠넘긴다면 당당하게 "안 돼요"라고 말해 보자. 그 책임을 감당해야 하는 사람은 자녀가 아니라 부모님 본인이기 때문이다.

이뿐 아니라 어떤 결정을 내릴 때 그것이 나 자신을 위한 결정이라면 그에 대한 책임을 지겠다는 각오도 필요하다. 내가 아는 어떤 친구의 어머니는 말을 듣지 않으면 집을 나가버리겠다고 자녀들을 자주 협박했다. 그래서 친구는 어머니의 말에 그저 순종할 수밖에 없었다. 그렇게 오랜 세월이 흐르자 더 이상 참지 못한 친구는 어머니에게 이렇게 말했다. "잘 살고 못 사는 건 개인의 선택이에요. 우리는 부모님이 잘 살기를 바라지만 부모님의 선택에 개입할 권리는 없어요."

어머니는 친구의 말을 듣고 적잖이 당황했다. 오랫동안 말을 고분고분 잘 듣던 아이가 갑자기 돌변했으니 그럴 만도 하다. 결국 그날 이후로 친구의 어머니는 더 이상 집을 나가겠다느니, 그저 마음 내키는 대로 마구잡이로 살겠다느니 하는 협박성의 말은 입 밖으로 꺼내지 않았다.

사실 친구는 어머니에게 그 말을 하기 전에 나에게 심리 상담을 받았다. 나는 친구에게 이렇게 말했다. "경계선을 분명히 그어야 해. 너희 어머니는 성인이시잖아. 어머니는 선택할 권리가 있고 자신의 선택에 책임질 능력도 있어. 너는 어머니의 선택에 책임질 수 없고 오로지 너 자신의 선택만 책임질 수 있어." 친구는 어머니와 자신 사이에 명확한 경계선을 그어서 얽혀 있는 실타래를 차분하면서도 힘 있게 풀어나갔다.

친구는 자신의 선택을 정확히 파악했고 성인의 방식으로 이를 책임지기로 마음먹었다. 모든 사람은 자신의 선택에 대한 책임을 져야 하며 이것은 인간관계에서 가장 기본적이고 필수적인 경계라고 할 수 있다.

이는 가족관계에서도 마찬가지다. 모든 가족을 책임져야 한다는 병적인 공생 마인드는 한 사람의 삶에 대한 자신감과 열정을 파괴시킬 수 있다. 노력을 포기하고 나의 에너지를 다 소진할 것인가, 아니면 당당하게 자신을 위해 앞으로 나아갈 것인가? 이 모든 것은 내 생각에 달려 있다.

내면의 쉼표를 찾는 여정

- 준비물 : 펜과 노트
- 소요 시간 : 15~30분

자신을 사랑하는 시간이 돌아왔다. 조용한 공간과 15~30분의 시간을 준비하자.

여러분의 평정심을 찾는 능력이 점점 향상되고 있으리라 믿는다. 이런 자신에게 뜨거운 박수를 보내자. 물론 여전히 마음의 안정을 찾기 어렵다고 느껴도 상관없다. 최대한 편안한 속도로 천천히 진행하다 보면 지속적인 힘을 발견하게 될 것이다.

자, 조용한 장소를 찾아 몸의 모든 부위를 최대한 편안하게 하고 깊게 심호흡하자. 그리고 머릿속의 모든 생각이 그대로 존재하도록 허용하자. 그저 관찰하되, 판단하지 않는다.

빛을 다시 나의 곁으로 초대해 보자. 내가 원하는 대로 온도와 밝기, 색상을 바꿀 수 있으며 편안함을 느낄 때까지 계속 바꿔도 좋다. 그 빛은 끝까지 내 곁에서 힘을 실어줄 것이다.

이 빛과 함께 천천히 기억을 더듬어보자.

나는 다른 사람을 거절했던 경험이 있는가? 그때의 심정은 어땠는가? 그 경험으로 나는 어떤 것을 얻었는가?

만약 그런 경험이 없다면 한번 상상해 보자 : 내가 다른 사람을 거절하면 어떤 일이 벌어질까?

생각하고 상상하는 과정에서 신체적 불편함을 느낄 수도 있고, 다른 생각이 떠오를 수도 있다. 모두 괜찮다. 그런 감정과 생각을 인식하고, 그 존재를 있는 그대로 허용하고 받아들이자.

이제 내면의 감정을 기록할 차례다.

일상생활의 사소한 일에서부터 시작해서 상대가 요구하는 일을 하고 싶지 않을 때 "안 돼!"라고 말해 보자. 그리고 그때 어떤 감정이 드는지 살펴보자. 만약 "안 돼!"라고 말하는 것이 위험하다고 느껴진다면 잠시 멈추고 자신이 두려움을 컨트롤할 수 있는 상태가 될 때 다시 시도해도 좋다. 절대 쉽게 포기하지 않길 바란다.

경계의 힘 II:
시간과 공간의 경계 설정

남의 비위를 맞추는 사람은 주체성이 부족해서 자신의 경계선을 긋기가 쉽지 않지만, 이 과정은 매우 중요하다. 경계를 만드는 과정에서 주체성이 서서히 확립되기 때문이다.

『바운더리, 성과를 만드는 통제와 책임의 힘Boundaries for Leaders: Results, Relationships and Being Ridiculously in Charge』에서 저자 헨리 클라우드는 이렇게 말했다.

"경계선은 내가 어디까지이고, 다른 사람은 어디서부터인지
를 나타내며 나에게 '소유'를 느끼게 한다."

'나는 누구인가', '무엇을 할 수 있는가', '무엇을 갖고 있는가',

'내 책임은 무엇인가'를 정확히 알게 되면 우리는 더 자유로워진다. 남의 비위를 맞추는 사람은 대부분 내적 자유로움을 느끼지 못한다. 그들은 자신의 경계를 명확히 알지 못하며 자신의 행동 범위가 어디까지인지 모르기 때문에 수많은 불확실성과 두려움에 휩싸이게 된다.

여러분도 알다시피 아이들은 어른들의 경계를 탐색하는 것을 좋아하며 이는 안전감의 경계이기도 하다. 남의 비위를 맞추는 성향을 지닌 부모가 만든 경계선은 언제나 모호하고 쉽게 흔들린다. 예를 들어 아이가 잠자기 전 부모에게 "전 지금 하나도 안 졸려요. 책 더 읽어주세요."라고 조른다고 생각해 보자. 남의 비위를 맞추는 성향의 부모는 아이의 요구를 바로 거절하지는 않지만 책을 계속 읽어주면서 짜증을 낼 가능성이 높다.

만약 부모가 아이에게 책을 읽어주는 것을 즐긴다면 이는 부모와 자녀가 서로 교감하는 소중한 시간이 될 수 있다. 하지만 아이의 요청을 거절할 수 없어서 억지로 승낙한 것이라면 참기 힘들고 짜증스러운 일이 될 뿐이다.

여기서 중요한 점은 아이는 부모도 계속 책을 읽어주고 싶어 한다고 생각했기에(아이들이 인식하는 부모의 경계) 이를 요구한 것이다. 그래서 부모가 책을 읽어주다가 갑자기 화를 내거나 짜증을 내면 아이는 크게 당황하게 된다. '내가 뭘 잘못한 건가? 엄마 아빠가 왜 화를 내는 거지?' 이는 부모가 아이에게 모순된 메시지를 전달한 것과 같다.

이때 아이에게 필요한 것은 무엇일까? 그것은 바로 부모의 경계선을 직접적이고 확고하게 말해주는 것이다. 책을 그만 읽어주고 싶다면 아이에게 "이제 피곤해서 그만 읽고 싶어"라고 말해 보자. 아이가 처음에는 고집을 부릴 수도 있지만 이는 정상적인 반응이다. 이런 상황에서 부모는 특히 조심해야 한다. 아이가 고집을 부리기 시작하면 많은 부모가 '멘탈 붕괴'를 겪기 때문이다.

'멘탈 붕괴'의 원인은 여러 가지인데 그중 하나는 자신이 아이의 여린 마음에 상처를 입혔다고 생각하고 자신을 부정, 비난하며 좋은 부모가 아니라고 느끼는 것이다. 이렇게 부모의 경계선이 다시 흐릿해지면 아이는 더욱 혼란스러워진다. '엄마·아빠의 경계선은 어디까지일까? 내가 언제까지 떼를 써야 할까?' 이처럼 아이는 마음속으로 끊임없이 부모의 한계를 가늠한다.

부모는 자신의 경계가 어디에 있는지, 자신이 무엇을 하고 싶고 할 수 있는지를 돌아보는 시간이 필요하다. 예를 들어 아이에게 책을 읽어주겠다는 아름다운 선의를 갖고 시작하지만 시간이 갈수록 집중이 안 되고 짜증이 난다면, 자신의 경계를 제대로 살펴볼 필요가 있다. 이는 하고 싶은 마음은 있지만 불가능함을 의미하기 때문이다. 물론 이러한 불가능은 충분히 극복할 여지가 있다. 사람은 성장하면서 원래는 할 수 없었던 일을 점차 해내는 경우가 많다.

그런데 사람마다 하고 싶지만 할 수 없는 능력 밖의 일이 있기 마련이다. 불편한 느낌이 들 때 스스로 물어보자.

"무엇이 문제일까?"

짜증은 결과에 대한 반응으로, 현재 무언가가 나를 불편하게 만들고 있음을 의미한다. 사람은 자신이 편안함을 느끼는 곳에서만 긴장을 풀 수 있으며 이런 상황에서는 타인에게도 더 친절해진다.

이 밖에도 우리는 자신의 시간적 경계에도 주의를 기울여야 하는데 실제로 이를 명확히 알지 못하는 사람들이 많다. 위의 예시에서 언급된 부모처럼, 그 부모는 아이들에게 책을 읽어주고 싶지만 보통 밤 10시가 넘으면 체력적으로 힘들어진다. 그렇다면 '밤 10시'는 그들의 시간적 경계를 의미한다. 이때 부모는 이 임계점을 잘 인지해야 한다.

나는 몇 시쯤부터 아이에게 책을 읽어주는 것이 힘들어지기 시작할까? 예상되는 시간을 조금 앞당겨보면 자신의 시간적 경계를 찾을 수 있다. 이 시간을 찾는 것은 명확한 경계선을 그리는 것과 같다. 이 시간을 기준으로 그전에는 책을 읽어줄 수 있고, 그 후에는 책을 읽어줄 수 없는 것이다.

아이는 여러 가지 방법으로 부모의 경계선을 탐색한다. 이는 부모로서 대응해야 할 어려운 과제이긴 하지만 자신의 경계 확립을 위해 몇 가지 노력이 필요하다. 예를 들어 아이가 부모의 허락을 받지 못한 것에 대한 좌절감을 극복하도록 도와주는 것이다. 부모가 자신의 경계를 지키는 것, 그리고 아이가 부모 자녀 간의 경계를 명확히 알고 자신의 경계를 확립할 수 있도록 도와주는 것, 이 두 가지는 모두 중요하다.

> 우리는 인내심을 갖고 자기 자신을 자주 돌아봐야 한다 : "지금 나의 위치는 어디인가? 아이의 비위를 맞추려는 욕구가 다시 생기진 않았는가?"

아이가 떼쓰며 우는 것은 좌절을 겪고 난 후의 정상적인 반응이므로 이에 쉽게 약해져서는 안 된다. 그저 곁에 조용히 있어 주기만 해도 아이는 좌절 속에서도 부모의 사랑을 느끼고, 점차 좌절에 대처하는 힘을 갖게 된다.

아이들은 힘 있는 부모를 원한다. 힘 있는 부모는 아이들이 안정감을 구축하는 기반이 되기 때문이다. **부모가 자신의 경계선을 친절하면서도 단호하게 보여주는 것은 부모와 아이 모두에게 큰 도움이 된다.**

나의 영역에서 나는 왕이 되어야 한다

실제로 어떤 사람들은 다른 사람의 영역에 경계 의식을 느끼지 못하고 타인의 일도 자기가 관리하고 결정해야 한다고 생각한다. 한번 상상해 보자.

회사의 어느 부장은 남의 비위를 맞추는 데 혈안인 사람이다. 그는 항상 다른 부서의 눈치를 보기 때문에 자신의 부서가 희생해야 하는 상황이 허다했다. 이렇게 그는 자신의 영역을 제대로 관리하지도 않고 위기에 직면해도 흐지부지 무마시키려고 했기 때문에 회사에서 좋은 평판을 받지 못했다.

어떤 며느리는 시대의 도움을 받고 싶지 않았지만 경제적인 압박 때문에 시부모님과 함께 살아야 했다. 그녀는 늘 시어머니의 눈치를 보며 참고 또 참았지만 결국 고부갈등을 피할 수는 없었다. 이는 마치 고부간의 권력다툼 같았다.

누가 영역의 주인이며, 그 주인의 자리를 차지한 사람은 자신의 권력을 어떻게 써야 할까?

부장이라면 자신의 위치를 명확히 알고, 마땅한 책임을 져야 한다. 책임의 경계는 공간적인 개념으로 부장이라는 직책을 가졌다면 자신의 부서가 어떤 일을 할 수 있고, 자유 범위가 얼마나 있는지 등을 확실히 알아야 한다.

마찬가지로 시어머니든 며느리든 자신의 위치를 정확히 파악해야 한다. "이 집은 누구의 집인가? 어떻게 손님을 대해야 하는가? 도움을 주는 사람에게는 어떻게 대해야 하는가? 상대방에게 얼마만큼의 공간을 줄 수 있는가?"

이러한 것들을 명확히 인지하면 자신의 영역 안에서 일하는 것이 상대적으로 쉬워진다. 결정을 내리기 전에는 그 결정이 가져오는 결과를 스스로 받아들일 수 있는지 고려해야 한다. 만약 그 결과를 받아들일 수 없다면 다른 대안을 선택하는 것이 좋다. 또한 자신이 어디까지 양보할 수 있는지 그 마지노선을 아는 것이 중요하다.

한 친구가 결혼하기 전에 예비 남편에게 전제 조건 하나를 제시했다. 그 조건은 '결혼 후에 시어머니와 같이 살지 않을 것'이다. 그 친구는 시어머니와 함께 살면 충돌이 발생할 것을 예상했고, 자신의 경계 또한 알고 있었기 때문에 안전한 카드를 선택한 것이다. 지금 그 친구의 자녀는 벌써 대학을 졸업하고 직장을 다니고 있다. 친구는 휴일에 남편과 함께 시댁을 방문하거나 시부모님을 집으로 초대하긴 하지만 함께 살지는 않는다. 친구는 시어머니와 건강한 공간적 경계를 지키며 오랫동안 화목한 관계를 유지하고 있다. 우리는 여기에서 자신이 무엇을 할 수 있는지, 할 수 없는지를 정확히 파악하는 것이 얼마나 중요한지 알 수 있다.

자신의 공간적 경계를 유지한다는 것은 자신이 그 공간의 주인이라는 뚜렷한 인식을 가져야 함을 의미한다. 우리는 자신의 영역에서 무엇을 할지, 하지 말아야 할지를 결정할 수 있다. 만약 자신의 지배 권한을 포기하고 다른 사람에게 지나치게 의존한다면 이는 자신을 타인의 식민지로 만드는 것과 같다. 이 같은 모욕적 상황에 처해서 고통받고 남을 원망하는 것보다 그런 일이 일어나기 전에 독립적으로 주체성을 갖고 자신의 영역을 관리하는 것이 더 나은 선택일 것이다.

다른 사람에게 구원받는 환상은 자신을 약자의 위치에 놓고 방어력을 약화시킬 뿐이다. 자신의 영역에서 '왕'이 되는 것을 두려워하지 마라. 나의 영역에서 나의 권력은 언제나 변함없이 막강하다. 이를 깨닫는 순간 나 자신의 주인이 되는 것이 얼마나 짜릿한 일인지 비로소 알게 될 것이다.

이뿐 아니라 상대와의 관계가 근심으로 뒤얽혀 있다면 서로 거리를 두어 각자의 공간을 만드는 것도 중요하다. 아마도 지금쯤이면 여러분도 점차 깨닫고 있을 것이다. 남의 비위를 맞추는 관계는 사람들을 얽매이고 고통스럽게 만들며, 경계가 없는 악성 공생 상태에 빠지게 한다는 것을.

남의 비위를 맞추는 관계 패턴은 '모 아니면 도'식의 단순한 선형적인 형태를 보인다. 이러한 관계 속에 있는 사람은 자신의 영역을 침입당하는 느낌을 받으며 정서적 소모도 갈수록 증가한다.

한 어머니가 자녀의 관계에 대한 이야기를 하며 울분을 터뜨렸다. 그 어머니는 평소에 자신은 최선을 다해 아이를 배려하는데 아이는 감사하기는커녕 늘 짜증을 부린다고 말했다. 이 문제로 아이와 수차례 다투었지만 남는 것은 좌절감뿐이었다. 그녀는 심리학 관련 서적을 열심히 찾아 읽으며 자신의 문제점을 알게 되었지만 쉽게 고쳐지지 않았다. 그 어머니는 슬픔에 찬 목소리로 물었다. "제가 잘못한 건가요?" 그녀는 잘못한 것이 아니라 단지 노력이 지나쳤을 뿐이었다. 무릇 부모는 자녀에게 가장 좋은 것을 주고 싶어 하지만 여기에도 정도가 있어야 한다. 부모 자녀의 연결고리를 너무 과하게 조이면 아이는 숨이 막히고, 너무 느슨하게 풀면 아이는 정서적 유대감을 느끼지 못한다.

공간적 경계 없이 이를 실행하기란 쉽지 않다. 위에서 언급한 어머니와 자녀는 서로 다투면서 자신의 공간을 지키지 않았을 뿐 아니라 상대의 공간에 침입했다. 각자의 공간은 줄어들고 상대에게 침범당한 느낌을 받게 된 것이다. 결국 두 사람은 무의식중에 자신의 영역을 보호하려고 애쓰며 방어적으로 상대를 공격했다.

서로 일정한 거리를 유지해야만 공간의 부족으로 숨이 막히는 느낌을 받지 않을 수 있다. 어머니가 밀어붙일수록 자식은 뒤로 물러나고 더 이상 후퇴할 수 없는 상황이 되면 강력히 저항하게 된다. 어머니는 한발 물러서서 자신의 경계선을 넘지 않도록 의식적으로 상기시켜야 한다.

스스로 감정을 통제하지 못할 정도로 화가 날 때는, 일단 정지 버튼을 누르고 앞으로 나가지도 뒤로 물러나지도 않는 것이 좋다. 이 상황은 매우 불안정하기 때문에 일시적으로 모든 것을 멈추고 내면에 수많은 감정이 떠다니도록 잠시 내버려 둬야 한다. 시간은 곧 다시 시작할 수 있는 공간과 기회를 가져다줄 것이며, 어느 정도 진정되고 나서 방금 있었던 일을 돌아보면 새로운 것들이 보일 것이다.

자신에게 이렇게 물어보자. "나는 왜 자녀가 나의 선의를 무조건 받아들여야 한다고 생각하는 걸까? 나는 왜 자녀가 내 생각대로 행동하지 않을 때마다 불안을 느끼는 걸까? 나는 왜 아이를 위해 그렇게 많은 시간을 쓰는 걸까?"

이러한 질문들은 생각하는 힘을 자극할 것이다. 물론 사고하는 과정에서 불편한 감정을 느낄 수도 있지만, 이것은 정상적인 반응이며 우리는 이러한 불편한 감정들을 수용할 수 있는 공간을 확보해야 한다.

약간의 노력으로 즉각적인 결과를 기대하거나, 잠깐의 깨달음만으로 원하는 것을 이룰 수 있다고 생각한다면 더 큰 좌절을 겪을 수도 있다. 나는 이것이 여러분이 진정으로 이루고자 하는 목표가 아니라고 믿는다. 잘못된 길을 걸었던 지난날의 자신을 되돌아보고 몸소 느끼며 깨닫는 과정에서 우리는 장기적인 안목을 갖게 되고 느리지만 힘 있는 변화를 맞이하게 될 것이다.

내면의 쉼표를 찾는 여정

- 준비물 : 펜과 노트
- 소요 시간 : 15~30분

    조용한 장소를 찾아 몸의 모든 부위를 최대한 편안하게 하고 깊게 심호흡하자. 그리고 머릿속의 모든 생각이 그대로 존재하도록 허용하자. 그저 관찰하되, 판단하지 않는다. 생각이 너무 많아 호흡에 집중하는 데 지장이 있다면 그 생각들을 오랜 친구처럼 내 옆에 앉혀놓고 다시 호흡에 집중해 보자.

    빛을 다시 나의 곁으로 초대하자. 내가 원하는 대로 온도와 밝기, 색상을 바꿀 수 있으며 편안함을 느낄 때까지 계속 바꿔도 좋다. 그 빛은 끝까지 내 곁에서 힘을 실어줄 것이다.

    이 빛과 함께 시간적 경계와 공간적 경계에 관한 본문의 내용을 기억해 보자.

    나는 일상적인 관계에서 이와 관련한 어려움을 겪고 있는가? 나는 자주 자신을 벼랑 끝으로 몰아가곤 하는가? 나에게 일어났던 사건에 초점을 맞추고 시간적 인식을 늦추어 공간을 확보해 보자. 소화되지 않은 감정이 여전히 나를 방해한다면, 그 감정들에게 넌지시 말을 걸어보자.

    "네가 왔구나. 알겠어."

    자신의 중심을 안정시키려고 노력해 보자.

그리고 내면의 감정을 글로 써보자.

일상생활의 사소한 일부터 시작해서 통찰력을 유지하며 나만의 공간을 만들어보자. 공간이 없다고 느낀다면 잠시 물러서는 것도 괜찮다. 시간을 갖고 이를 천천히 소화시키고 나서 다시 시작해도 늦지 않다.

사랑과 지지의 힘:
나는 피해자라는
자기 최면을 멈추자

나는 사랑, 지지와 같은 단어를 들으면 머릿속에 드넓은 대지, 숲, 바다 등이 떠오른다. 사랑과 지지는 깊고 넓은 내면의 힘이다.

진정으로 내적 변화를 원하는 사람은 고통을 느끼기도 하지만 사랑과 희망, 삶의 의미를 깊이 실감하기도 한다. 이를 몸소 느껴야만 변화를 위한 첫걸음을 내디딜 수 있다.

사랑과 희망을 느끼려면 먼저 이를 위한 공간과 환경이 필요하다. 남의 비위를 맞추는 성향의 사람은 자신도 사랑받을 수 있음을 믿지 못하기에 늘 사랑을 갈망한다. 우리는 이런 그들을 비난이 아닌 이해의 눈으로 바라봐야 한다. 누군가를 믿지 못하고 늘 의심하는 성격은 그들이 의도적으로 만들어낸 것이 아니라 무의식적인 깊은 공포에서 비롯된 것이다. 그들은 이 세상 곳곳에 위험이 도사리고 있으므로 언제 어디서든 경계해야 한다고 생각한다. 그리고 주변에 있는 모든 외부 대상을 자신을 상처 입힐 수 있는 존재로 인식한다. 이러한 사람들은 타인을 경계하면서도 줄곧 피해자의 위치에 머물러 있기 때문에 고통을 두 배로 느끼게 된다.

사랑받기 위한 첫 번째 단계는 나는 피해자라는 자기 최면을 멈추는 것이다. 물론 자신을 피해자로 여기면 몇 가지 '편의'가 생기기도 한다. 예를 들어 타인이 죄책감을 느끼고 자신에게 더 좋은 대우를 하게 만드는 것이다. 하지만 이는 자신을 진정으로 대하는 기회와 시간을 앗아갈 뿐이다.

정작 자신은 준비가 되지 않은 상태에서 다른 사람 또는 관계 유지를 위해 억지로 변하려고 애쓰다 보면, 자신을 변화하게 만든 사람을 무의식중에 원망하며 스스로를 피해자로 만들 수도 있다.

> 아마 그들은 마음속으로 이렇게 말할 것이다. : '이것 봐. 너 때문에 내가 어쩔 수 없이 변해야 했잖아. 이렇게 고생하는 건 다 너 때문이야.'

이러한 생각은 반복적으로 떠오르면서 더욱 강렬해진다. 남을 원망하는 것이 자신을 대면하는 것보다 훨씬 쉽기 때문에 피해자의 위치를 고수하려고 하는 것이다.

아마도 그들은 이러한 사고방식이 자신에게 얼마나 큰 상처를 주는지 생각해 본 적이 없을 것이다. 피해자의 틀에 갇히면 점점 더 의존적이고 무기력하며 타인과 자신 모두를 원망하는 악순환에 빠지게 된다.

이 같은 고통이 그들을 변화시킬 수 있을까? 나는 그렇다고 믿는다. 많은 사람이 심리 상담사를 찾는 이유는 고통을 더 이상 참을 수 없기 때문이다. 하지만 심리 상담은 단지 시작에 불과하며 그 이후로 더 많은 사랑의 지원이 필요하다.

피해의식은 의미 있는 변화를 가져오지 않고 그저 이렇게 외칠 뿐이다. "너희들이 나를 어떻게 상처 줬는지 잘 봐!"

마냥 이렇게 외치고만 있다면 아무런 문제도 해결할 수 없다. 진정으로 변하고 싶다면 먼저 나는 피해자라는 자기 최면에서 벗어나야 한다.

남의 비위를 맞추는 사람의 가장 흔한 피해의식은 '다 OO 때문에 내가 이렇게 비참해졌어' 또는 '다 OO 때문에 내가 이렇게 고통받고 있어'라는 생각이다. 사실 이러한 피해의식을 느끼는 것 자체가 심리적 충격이 될 수 있다. 이는 '이런 감정을 가져선 안 돼. 남을 원망하며 살 순 없어'라는 본능적인 마인드와 대치되기 때문이다. 그래서 그들은 남을 원망하는 자신의 모습을 보는 것만으로도 큰 충격을 받곤 한다.

자신을 비난하지 않고 이 감정이 자연스럽게 나타나도록 허용하면 더 나은 변화를 이룰 수 있다. 도망가고 싶을 수도 있고 두려울수도 있지만 모두 괜찮다. 이러한 감정이 찾아오면 그 감정을 향해 "네가 왔구나"라고 인사하고 그 감정과 경험 속에 푹 스며들어보자.

물론 이때 통증, 가슴 답답함, 억압된 느낌, 메스꺼움과 같이 신체적인 반응이 먼저 나타날 수도 있다. 만약 이런 느낌이 든다면 부드럽게 그 감정의 손을 잡고 함께 있어 보자. 이 과정에서 어떤 감정이 지나치게 폭주한다면 그 감정을 자신의 특정 신체 부위에 집중시킨 후 천천히 심호흡하며 진정시켜 보자. 그러고 나서 이전 과정으로 다시 돌아가면 된다.

감정을 급하게 떨쳐내려 하지 않고 여유 있게 다루다 보면 자신을 괴롭혔던 감정들이 하나둘 사라지는 것을 느끼게 될 것이다. 이를 위해서는 보다 너그럽게 포용하는 자세가 필요하다. 우리 내면의 원망은 사랑받지 못한 아이의 슬픔과 호소에서 비롯되기도 한다. 이를 비난하기보다 따뜻하게 감싸주고 곁에 있어 주며 상처받은 아이를 사랑으로 대해주어야 한다.

상처받은 아이가 사랑을 받으면 아이는 행복과 희망을 느끼고 삶의 의미를 되찾을 것이다.

처음부터 자기 자신을 가혹하게 대하는 사람은 없다. 자신을 괴롭히는 것은 성장 과정에서 서서히 시작된다. 우리는 이러한 행동이 자신을 상처 입힐 뿐 절대 자신을 사랑하는 방법이 될 수 없음을 알아야 한다.

실제로 남의 비위를 맞추는 사람 중 자기 자신을 가혹하게 대하는 사람들이 많다. 그들은 모든 일에 완벽해야 하고 모든 일을 자신이 해결해야 한다고 스스로 채찍질한다. 사실 그들이 지나치게 완벽을 추구하는 이유는 이로써 자신의 가치를 입증하고, 자신도 사랑받을 가치가 있다는 것을 증명하기 위함이다.

그렇다면 완벽하지 않다는 것은 가치가 없다거나 사랑받을 자격이 없다는 것과 동등한 의미일까?

나는 그렇게 생각하지 않는다. 어린아이들은 자신이 무언가를 더 잘 해내면 부모님의 사랑을 받을 수 있다고 믿는다. 자신이 완벽해야만 부모님이 사랑해 줄 거라고 생각하는 아이는 과연 진정한 사랑의 존재를 믿을 수 있을까?

이제 스스로 가혹하게 대하는 것을 멈추고 자신에게 사랑을 건네보자. 세상에는 원래 완벽이란 없다.

모든 일에 완벽을 추구하면 사랑이 끼어들 자리가 없어진다. 완벽을 추구하는 것은 아름다운 거품을 유지하려고 발버둥 치는 것과 같다. 이 거품의 존재 가치는 상처받은 아이의 황량한 마음을 장식하는 것뿐이다. 이 아이가 아름다운 거품 속에서 성장하면서 자신이 완벽해야 사랑받을 수 있다고 계속 굳게 믿는다면 어떻게 될까?

언젠가 거품이 꺼지는 날, 어른이 된 아이는 어린 시절 당황하고 저항하며 부정하고 분노했던 그 감정의 소용돌이에 다시 휘말리게 될 것이다.

부모에게 계속 경제적 지원을 요구받았던 앞 사례의 여성은 결국 부모가 자신에게 진심으로 관심을 가진 적이 없음을 깨달았다. 부모는 항상 그녀가 동생에게 돈을 얼마나 주는지에만 관심을 가졌고, 아직 적정기에 있었던 그녀의 상황을 완전히 무시했다. 그녀는 모든 것을 희생하고 소중한 집까지 포기했지만 여전히 부모의 사랑을 받지 못했다. 이 얼마나 절망적인 일인가.

불행 중 다행으로 그 여성은 그동안 자신에 대한 부모의 마음은 사랑이 아닌 차취였음을 깨닫게 되었다. 이에 그녀는 꽤 오랫동인 괴로워했다. 눈물로 밤을 지새우는 날이 허다했고 스트레스로 머리카락은 점점 빠져 갔다. 그녀는 더 이상 살아갈 자신이 없었다. 그러던 어느 날 아침, 여느 때처럼 눈 부신 햇살이 창문 사이를 비집고 들어오고 새들이 지저귀고 있었다. 문득 그녀는 그동안 있었던 일이 한편의 악몽처럼 지나갔음을 느꼈다. 지난날의 그녀는 사랑받지 못하는 두려움에 늘 얽매여 있었고 이는 마치 지옥에 사는 것 같았다. 그녀가 안간힘을 써서 붙잡은 것 역시 사랑의 환영일 뿐이었다.

그랬던 그녀가 다시 살아났다. 그녀는 이 고통이야말로 진짜 현실이며 괴로워서 미칠 지경이지만 이것이 자신을 죽음에 이르게 할 만큼 치명적이지는 않다는 것을 깨달았다. 성인인 그녀는 더 이상 옛날의 무력한 아이가 아니며, 혼자서 충분히 먹고 살 수도 있고 새로운 행복을 찾을 수도 있다.

'남의 비위를 맞추지 않는다 → 버려진다 → 살 수 없다'라는 연결고리는 따스한 아침 햇살에 묻혀 유유히 사라졌다. 그녀는 아직도 가끔씩 지난날의 괴로움이 떠오르긴 하지만, 그 횟수가 점점 줄어들고 희미해지고 있음은 확실했다.

고통을 헤치고 나가면 빛이 보일 것이다

영화 〈워호스War Horse〉에서는 그야말로 찢어지게 가난한 한 시골 농부가 나온다. 풍비박산 난 집을 뒤로 하고 그가 아내에게 물었다. "당신은 이제 나를 사랑하지 않게 된 거야?" 아내는 대답했다. "예전보다 당신이 밉긴 하지만 나의 사랑이 줄어들지는 않았어."

내가 가치 있는 사람이기 때문에 사랑받을 수 있는 것이 아니라, 나의 존재 자체로 사랑받을 가치가 있는 것이다.

한번은 내가 딸아이에게 크게 실수하고 나서 사과하며 물었다. "너는 이제 엄마를 사랑하지 않게 됐니?"

딸이 이렇게 대답했다. "엄마, 나는 엄마가 날 그렇게 대하는 건 싫지만 여전히 엄마를 사랑해."

그 말에 나는 순간 녹아들었다. 내 아이는 나에게 이렇게 관대하구나, 진정한 사랑은 항상 순수하구나.

어른이 된 우리는 내면의 아이를 돌보며 자기 자신에게 순수하고 단순한 사랑을 줄 수 있다. 여러분은 충분히 사랑받을 가치가 있다. 이는 당신이 능력이 있거나 완벽해서가 아니라 단지 당신의 존재 자체만으로 사랑받을 수 있는 것이다.

세상에 흘러넘치는 사랑이 우리에게 이렇게 속삭인다. "그렇게 애써 노력할 필요도, 모든 것을 완벽하게 해낼 필요도 없어요. 그리고 자기 자신과 주변 사람들에게 그렇게 까다롭게 대하지 않아도 돼요."

남의 비위를 맞추려고 애쓸 필요 없다. 다른 사람이 나를 좋아하든 싫어하든, 그것은 나와는 상관없는 그들의 일이다. 모든 사람을 위해 책임을 떠안거나 모든 사람을 기쁘게 해야 한다는 강박을 내려놓자.

이렇게 하면 나의 세상은 더 자유로워지고 단순하게 나로 사는 삶을 살 수 있다. 물론 이를 위해 많은 일을 소화해야 하고 심적으로 지칠 수도 있지만 더 이상 삶을 헛되이 소모하지는 않을 것이다. 그리고 우리는 더 많은 열정을 갖고 이 세상에 더 많은 사랑을 주게 될 것이다.

내면의 쉼표를 찾는 여정

- 준비물 : 펜과 노트
- 소요 시간 : 15~30분

자신을 사랑하는 시간에 다시 온 것을 환영한다.

조용한 장소를 찾아 몸의 모든 부위를 최대한 편안하게 하고 깊게 심호흡하자. 그리고 머릿속의 모든 생각이 그대로 존재하도록 허용하자. 그저 관찰하되, 판단하지 않는다. 생각이 너무 많아 호흡에 집중하는 데 지장이 있다면, 그 생각들을 오랜 친구처럼 내 옆에 앉혀놓고 다시 호흡에 집중해 보자.

빛을 다시 나의 곁으로 초대하자. 내가 원하는 대로 온도와 밝기, 색상을 바꿀 수 있으며 편안함을 느낄 때까지 계속 바꿔도 좋다.

빛과 함께 마음의 문을 열고 나의 인생에서 가장 빛났던 순간들을 기억해보자.

나 스스로 자랑스럽고 자부심을 느끼게 했던 순간, 나를 위해 박수를 보내고 싶었던 순간들이 있었는가?

그때 어떤 일이 있었고 어떤 감정을 느꼈는가? 그것은 기쁨이었는가, 아니면 다른 감정이었는가?

자신의 노트에 그때의 경험과 감정을 적어보자. 그리고 기록한 내용이 자신의 내면에서 나온 것임을 다시 확인해 보자. 다 쓰고 나서 혼자 마음속으로 읽어봐도 좋고 원한다면 친구들과 나의 빛났던 순간을 공유해 보는 것도 좋다.

동행의 힘:
세상과 더 많은 연결점을 찾자

두려움은 남의 비위를 맞추는 사람이 변화를 시도하면서 부딪치는 가장 큰 고비이다. 대부분의 사람은 두려움을 느낄 때 본능적으로 이를 피하려고 한다. 남의 비위를 맞추거나, 거리를 두거나, 다른 파괴적인 방식으로 피하기도 한다. 하지만 이는 단지 임시방편일 뿐이며 장기적인 질적 성장과 변화에 도움이 되지 않는다.

두려움에 지배받지 않기 위한 진정한 해결책은 두려움에 직면하는 것이다. 이는 말은 간단하지만 절대 쉽지 않은 일이다. 사람들은 두려움 자체에 저항하게 되고 두려움에 대한 공포는 이미 겁에 질린 마음을 거세게 흔들기 때문이다.

그렇다면 어떻게 두려움에 직면해야 할까? 먼저 나의 두려움을 제대로 바라봐야 한다.

사람들은 자신의 두려움을 보려고 하지 않는다. 두려움을 바라보면 자신의 패배감과 나약함이 들통날 것 같기 때문이다.

남편의 불륜 사실을 알게 된 한 여성이 걷잡을 수 없는 분노에 휩싸였다. 시간이 지나 조금 진정되었을 때 나는 그녀에게 물었다. "지금 두려움을 느끼나요?" 그러자 그녀는 "아니요. 뭐가 두렵겠어요. 그저 그 사람이 나에게 지은 죄, 내가 받은 상처 때문에 화가 날 뿐이에요"라고 대답했다.

그 여성은 오랫동안 가족을 위해 헌신하며 삶의 모든 에너지를 아이들과 남편에게 쏟았다. 남편이 그런 그녀에게 다른 사람을 좋아하게 되었다고 말하자 그녀의 분노는 하늘을 찔렀다. 그런데 그녀는 두렵지는 않다고 말했다. 왜일까? 그녀는 정말 두려움을 느끼지 않을 수도 있고, 무의식중에 두려움을 거부하고 있을 수도 있다.

그러던 중 잔인한 현실은 그녀를 한 번 더 공격했다. 남편의 마음이 자신을 완전히 떠났으며 이제 더 이상 돌이킬 수 없음을 알게 된 것이다. 그 순간 그녀의 심장이 빠르게 뛰면서 온몸이 부들부들 떨리기 시작하자, 두려움이 자신의 몸 곳곳에 이미 침투해 있었음을 느끼게 되었다. 그녀는 그동안 두렵지 않았던 것이 아니라 두려움에 저항하고 있었던 것이다. 분노는 마치 이렇게 외치는 듯했다. "아니야! 이건 진짜가 아니야!"

우리의 몸은 거짓말을 하지 않는다. 몸의 모든 세포는 감정 하나

하나에 반응하기 때문이다. 그녀의 내면에 두려움이 존재한다는 것을 몸은 알고 있었다.

그녀는 한참을 울다가 마침내 깨달았다. 자신은 남편과의 관계가 유지되는 것을 간절히 원하며 혼자 남겨지는 것을 극도로 두려워하고 있었다는 것을. 두렵지 않다는 그녀의 말은 거짓이었다. 사실 내면에서는 무서워 죽을 만큼 두려움에 떨고 있었다. 겉으로는 늘 완벽해 보였던 그녀였지만 그것은 통제를 잃지 않기 위한, 두려움을 피하기 위한 위장이었다.

두려움에 끝까지 저항하고 싶었던 그녀는 나는 절대 두렵지 않다고 말하며 자신을 포함한 모든 사람을 속였다. 하지만 언제까지 피할 수민은 없었다. 그녀가 두려움을 정면으로 맞닥뜨리는 순간, 분노는 더 이상 고조되지 않았고 뜨거운 눈물이 경직된 몸을 조금씩 풀어주면서 표정도 더 자연스러워졌다.

그녀가 자신의 두려움을 이렇게 가깝게 느낀 적은 처음이었다. 긴장하며 두려움에 깊이 잠기기도 했고 온몸의 근육이 이완되는 느낌을 받기도 했다. 그렇게 그녀는 상담실에서 한참을 울고 또 슬퍼했으며 나는 아무 말 없이 그녀 곁을 지켰다.

울음이 서서히 잦아들자 그녀는 자신이 방금 겪은 상황에 대해 이야기하기 시작했다.

"방 한구석에 혼자 웅크리고 앉아 있는 겁에 질린 아이를 봤어요.

온몸에 때가 덕지덕지 묻어 있는 그 아이에게 아무도 관심을 보이지 않았죠. 저조차도 그 아이에게 다가가기 싫었어요." 그 아이는 그녀 내면에 살고 있는 아이였고, 강렬한 감정 속에서 만난 과거의 자신이었다.

그녀는 이 낯선 아이가 자신과 무언가 연결되어 있음을 느꼈다. 이런 경험을 하지 않았다면 아마도 그녀는 계속해서 두려움에 저항하며 그 존재를 느끼지 못했을 것이다. 그녀는 내면의 무력한 아이나 나약한 자신을 보는 것을 원치 않았으니 말이다.

상담은 그녀를 180도 바꿔놓았다. 늘 초조하고 조급했던 감정이 사라지고 전반적으로 안정된 느낌을 받았다. 그리고 자기 자신이나 남편을 마주할 때마다 느꼈던 심리적 긴장감이 크게 완화되었고 마음 깊은 곳에서 누군가 자신을 응원하며 동행하고 있음을 느꼈다. 그녀는 점차 새로운 친구들도 사귀었고 '나는 나다'라는 자존감을 느끼기 시작했다.

깊이 있는 동반자와의 행복한 동행

내가 이 여성의 사례를 공유한 이유는 남의 비위를 맞추는 사람의 내면에는 극도의 두려움이 있으며 그들은 진정한 동반자가 필요하다는 것을 말해주고 싶어서다. 심리 상담사인 내 역할은 실의에 빠진 사람들의 손을 잡고 함께 걸어주는 것이다. 나는 그들과 동행하며 그들의 감정 변화와 용기, 강인함을 두 눈으로 목격했다.

　나 역시 여러 해 동안 심리치료사의 도움을 받아 극도로 힘든 순간들을 그녀와 함께 견뎌냈다. 나는 나에게도 아무런 잣대 없이 내 얘기를 들어주며 나를 이해해 주고 지지해 주는 사람이 있다는 것을 느꼈다. 그녀는 때로 걱정이 담긴 조언을 해주긴 했지만, 억압적인 방식으로 접근하지는 않았다.

　누군가 묵묵히 동행해 주면 어둠 속에서도 생명의 빛을 찾고 희망을 품을 수 있다. 그리고 두려움 앞에서도 더욱 집중하며 사랑의 자원을 넓힐 수 있는 용기가 생긴다.

　집중은 행복을 선사한다. 차 한 잔을 즐기거나 책을 읽을 때도 더욱 집중하고 몰두하면 온몸에 에너지가 차오르는 느낌을 받게 될 것이다. 집중은 사람뿐 아니라 모든 것을 대할 때 항상 필요한 자세이다.

　이어서 동반자에 관한 이야기를 좀 더 할까 한다. 혹시 주변에 깊이 있는 동반자가 있다면 그와의 동행을 충분히 즐기길 바란다. 만약 그런 사람을 아직 못 만났다면 직접 나서서 찾아보자. 나는 전문적이고 신뢰할 수 있는 심리 상담사의 도움을 받는 것을 추천한다. 이는 깊이 있는 동행 관계를 만드는 중요한 경로라고 할 수 있다. 나를 집중적으로 관리해 주는 동반자가 있으면 누군가에게 좋은 대우를 받고 있다고 느끼게 되고 삶의 아름다움에 눈을 뜰 수 있다.

어느 날 한 학생이 정신분석 전문가인 쩡치펑^{曾奇峯} 선생님에게 물었다. "내 얘기를 들어주고 나와 동행할 사람을 주변에서 찾는 건 어떨까요?" 이에 선생님은 대답했다. "그렇게 해도 좋죠. 하지만 주변에서 전문적인 '경청자'를 찾는 것은 어려울 것입니다."

나는 이 말에 크게 동의한다. 모든 사람은 누군가에게 자신의 속사정을 이야기하고 복잡한 감정과 느낌을 털어놓고 싶어 한다. 하지만 아무리 친한 친구라 해도 매번 필요한 때마다 옆에 있어 줄 수는 없는 법이다.

친구의 동행과 전문적인 심리 상담사의 동행은 성격이 다르다. 늦은 밤 기분이 울적해서 술 한잔하고 싶을 때나 누군가와 멋진 장소에 함께 가고, 맛있는 음식을 함께 먹고 싶을 때는 친구가 최고의 동반자가 되어 줄 수 있다.

깊은 교감을 나눈 친구일수록 심리적인 지원과 도움을 받을 수 있다. 우리 주변에는 나와 깊은 우정을 나눈 친구, 인사만 건네는 친구, 서서히 소원해지는 친구 등 다양한 형태의 친구가 있다. 하지만 어떤 형태의 친구이든 교류할 가치가 있다. 그들과의 관계 속에 있어야 내가 어떤 반응을 보이는지 알 수 있으며, 타인과 서로 도움을 주고받는 기회를 얻을 수 있기 때문이다.

그림, 댄스, 독서, 공예 등 다양한 교육 학원이나 문화센터에 가입하는 것도 좋다. 그곳에서 나와 동행 할 인생의 소울 메이트를 만날 수도 있다. 또한 이러한 활동은 사랑의 자원을 넓히는 중요한 통로이기도 하다.

특히 그림 그리기나 공예 같은 세밀한 작업을 하다 보면 현재의 삶과 연결되어 누군가 나와 동행하고 있다는 느낌을 받게 되기도 하고, 정숙한 마음이 집중력을 향상하기도 한다. 현실을 바라보고 현실과 깊이 연결되는 과정에서 온 세상과 손잡고 두려움을 무찌르는 느낌을 받게 될 것이다.

자신의 몸을 믿고 신체의 반응에 집중해 보자. 긴장, 떨림, 경직, 통증과 같은 느낌이 온다면 스스로 이렇게 다독이자. "자, 천천히 진정해 보자." 그리고 다시 물어보자. "너는 나에게 무슨 말을 하고 싶니?" 이렇게 자신의 몸과 대화를 나눠볼 수 있다. 이를 위해서는 방해받지 않는 시간과 안전한 공간, 그리고 현실을 직면할 힘과 용기가 필요하다.

이런 활동을 할 때 누군가 옆에 있어 주길 원하는 사람이 있고, 혼자서 하고자 하는 사람도 있다. 둘 다 상관없다. 자신의 감정과 내면이 원하는 대로 하면 된다.

가능하다면 전문가와 함께 하는 것이 좋지만, 상황이 안 된다면 속 깊은 대화를 나눌 수 있는 믿을만한 친구와 함께해도 상관없다. 만약 혼자서 진행하기로 결정했다면 안전하고 편안한 느낌이 들 때 시작하면 된다.

이미 알아챈 사람도 있겠지만 내가 지금까지 여러분과 공유한 연습 활동은 모두 자기 자신과의 대화였다. 자신의 감정이나 걱정, 두려움, 갈망을 적어내는 것은 매우 가치 있는 경험이기에 펜을 들고 적극적으로 동참하는 것이 좋다.

물론 이 활동을 할 때도 자신의 적정선을 지켜야 한다. 나는 사람들에게 항상 용기를 내라고 격려하지만 개인마다 느끼는 한계치는 각자 다르다. 어떤 사람은 온몸을 바들바들 떨며 극도로 두려워하면서도 끝까지 밀어붙여 결국 두려움을 극복하기도 하고, 어떤 사람은 속도를 늦추고 최대한 천천히 진행하면서 효과를 보기도 한다.

우리는 핵심적인 순간에 자신의 직감을 믿어야 한다. 지금 못하겠다고 해서 앞으로도 계속 못하는 것은 아니다. 그 순간의 두려움이 너무 커서 자신의 수용 범위를 벗어났기 때문에 잠시 포기할 수도 있다. 하지만 시간을 갖고 진정하면 용기와 자신감이 점점 차오르게 된다.

깊은 두려움을 경험하고 그 두려움에서 빠져나올 때 자신의 지난 날을 반성한다면 여러분은 아마도 큰 선물을 받게 될 것이다.

이번 장 첫 번째 사례에서 나온 여성의 이야기로 돌아가 보자. 줄곧 자신의 모든 희망을 남편에게 걸었던 그녀는 남편의 불륜 사실을 알고 걷잡을 수 없는 괴로움에 빠졌다. 그러던 어느 날 그녀는 두려움 속에서 눈을 뜨게 되었고, 나 자신이야말로 나의 희망이며 언젠가는 어둠에 갇힌 자신에게 빛이 비칠 것을 깨달았다. 현실은 도망치고 싶을 만큼 그녀를 아프게 만들었지만, 빛을 발견한 순간 내면에서 엄청난 에너지가 발산되었다. 이는 완벽하게 모든 일을 해내고 타인에게 의존하며 사랑을 갈구하면서 만들어진 것이 아니라 새로운 사람들, 새로운 환경과 연결되고자 하는 열정에서 비롯된 것이었다. 그녀의 내면은 매우 강력하면서도 안정적인 느낌으로 가득 차올랐다.

오늘날 많은 사람은 책을 통해서 삶의 이치나 지혜를 배운다. 하지만 이것이 실제 경험에 반영되지 않는 한 그저 단순한 지식으로 남을 뿐이다. 허공을 떠다니는 지혜들이 나의 마음을 거쳐 자신과 연결되었을 때야 비로소 진정한 지혜가 된다. 내가 이 지혜를 다른 사람과 공유하면 이는 특별한 생명력을 갖게 되고, 이를 듣는 사람들은 지혜의 진실함과 안정감을 느끼게 된다.

모든 사람의 내면에는 수많은 삶의 지혜가 고통 뒤에 숨어 있다. 분노, 불안, 고독, 수치심과 같은 나쁜 감정이 휘몰아칠 때면 그 감정들이 나를 삼켜버릴 것만 같은 두려움에 빠진다. 하지만 용기 있게 두려움에 맞서다 보면 숨어 있는 보물을 발견할 것이다.

우리는 진솔한 마음으로 한 걸음씩 나아가며 단절된 곳을 연결하고 스스로 계속 회피해왔던 것들을 정면으로 마주해야 한다.

내면의 쉼표를 찾는 여정

- 준비물 : 펜과 노트

- 소요 시간 : 15~30분

    조용한 장소를 찾아 몸의 모든 부위를 최대한 편안하게 하고 깊게 심호흡하자. 그리고 머릿속의 모든 생각이 그대로 존재하도록 허용하자. 그저 관찰하되, 판단하지 않는다.

    빛을 다시 나의 곁으로 초대하자. 내가 원하는 대로 온도와 밝기, 색상을 바꿀 수 있으며 편안함을 느낄 때까지 계속 바꿔도 좋다. 그 빛은 끝까지 내 곁에서 힘을 실어줄 것이다. 시간적 여유를 두고 천천히 진행하면서 그 빛과 서서히 연결되고 있음을 느껴보자.

    빛을 자신의 옆에 두고, 내면의 공포를 초대하여 대화를 시도해 보자.
그리고 그 공포에게 이름을 지어서 편지를 써보자. 글의 분량이 많든 적든 상관없다.
다 썼다면 이제 내가 그 공포가 되었다고 생각하고, 공포의 입장에서 나 자신에게 편지를 써 보자.
내가 쓴 두 통의 편지를 읽으면서 어떤 감정이 느껴진다면 계속해서 기록해 보자.

애도의 힘 I : 빛나는 미래를 향한 4단계

남의 비위를 맞추는 사람들 대부분은 그리 행복하지 않다. 그들은 마치 행복을 느끼는 능력을 점차 잃어가고 있는 듯하다. 어린아이들은 쉽게 행복을 느끼지만 어떤 어른들은 행복하지 않거나 행복이 뭔지 조차 모른다. 행복을 향한 통로가 온갖 압력과 감정에 막혀 있기 때문이다.

몇 년 전, 한 내담자가 나를 찾아왔다. 그녀는 상담실에 들어오자마자 이렇게 말했다. "전 지금 모든 것이 좋아요. 가정도 행복하고 경제적으로도 나쁘지 않죠. 집도 있고, 일도 있고, 아이도 있어요. 그리고 이 모든 것들을 순조롭게 얻은 편이에요."

나는 그녀에게 물었다. "다 좋은데 왜 상담을 받으러 오셨나요?" 그러자 그녀는 "글쎄요. 그냥 오고 싶었어요"라고 대답했다.

그녀의 대답에 왠지 모를 슬픔이 묻어 있었다.

그녀는 자신이 왜 상담을 받으러 온 건지 말로 설명하지는 못했지만 그녀의 무의식은 그 답을 알고 있었다 : 자기 자신과 마주하고 진정한 자신을 탐색하고 싶었던 것이다.

나는 그녀에게 말했다. "당신은 모든 게 좋다고 말했지만 그렇게 행복해 보이지 않는 건 왜일까요?"

그녀는 갑자기 넋이 나간 얼굴로 멍하니 있다가 말없이 눈물을 흘리기 시작했다.

그녀는 자라면서 언제나 부모님이 시키는 대로 했다. 피아노를 배우고, 학교에 입학하고, 직장에 취직하고, 결혼하고, 아이를 낳는 등 모든 것이 순조로워 보였지만 그녀는 이런 삶에 점점 지쳐갔다. 아마도 다른 사람들은 그녀를 이해하기 어려울 수도 있다. '평생을 순탄하게 살아온 여자가 왜 이렇게 배부른 소리를 하는 걸까?' 하고 말이다.

사실 그것은 배부른 소리가 전혀 아니었다. 모든 사람의 반응에는 저마다의 이유가 있는 법이 아닌가. 그녀가 삶에 점점 싫증을 느낀 이유는 자기 자신을 위한 인생을 사는 것 같지 않았기 때문이다. 인생에서 중요한 결정을 내릴 때마다 그녀는 거의 아무런 생각조차 없었고, 마치 누군가에게 조종당하는 로봇처럼 이미 계획된 경로를 따라야만 했다.

진정으로 살아온 삶이 아니라면 그것은 자신의 삶이 아니다. 그녀는 아이를 키우면서 무언가 잘못되고 있음을 느끼기 시작했다. '사사건건 부모님의 조언을 따르는 게 과연 옳은 건가?'

그녀는 날이 갈수록 어딘가에 화를 퍼붓고 싶은 충동이 강해졌다. 무엇이 잘못되었는지는 정확히 모르지만 늘 불편한 느낌이 들었다.

그녀는 불행했다. 다른 사람들 눈에는 그녀가 꽤 괜찮은 삶을 사는 것처럼 보일지 몰라도 그녀는 확실히 불행했다. 그녀는 대체 무엇이 문제였을까? 그녀는 자유롭고 행복한 어린 시절, 모험 정신, 스스로 결정하는 능력, 자유의지, 이 모든 것을 잃어버렸다. 그러면서 그녀는 자기 자신까지 잃어버렸다.

항상 부모님이 시키는 대로만 하는 사람이 자기 자신을 찾기란 정말 어렵다. 하지만 그녀는 이렇게 평생을 보내고 싶지 않았기에 잃어버린 자기 자신을 찾기로 결심했다. 굳은 결심 그 자체만으로도 그녀는 큰 자신감을 얻었다. 그 후로 그녀는 나와 3년 동안 함께했고, 그녀 스스로 떠날 준비가 될 때까지 상담을 이어갔다.

그 시점에 그녀는 이미 자신이 원하는 인생 방향을 명확히 알고 있었으며, 스스로 무엇을 할 수 있는지도 잘 알고 있었다. 갖가지 어려움에 부딪힐 때마다 자신의 대처 능력을 십분 발휘했고, 전문적인 능력 또한 출중해서 조직에서도 인정받았다. 그녀는 자신이

'잘하고 있다'고 느꼈다. 이는 예전에 다른 사람이 자신을 칭찬하며 말했던 '잘하고 있다'와 전혀 달랐다. 자기 자신과 깊이 연결되어 내가 원하는 방향으로 나아가는 그런 '잘함'이었다. 그녀는 전보다 훨씬 안정적인 삶을 만들어 갔다.

나는 험난한 여울을 건너고 거친 들판을 지나 떠오르는 해를 찾아가는 그녀의 인생 여정을 옆에서 지켜봤다.

그렇다면 그녀는 뭘 어떻게 한 걸까? 처음에 그녀는 인생에서 잃어버린 것들을 생각하며 슬퍼했다. 나는 많은 시간을 들여 그녀의 상실을 함께 애도했다. 이 과정에서 그녀는 울거나 슬퍼하기도 했고, 무능력하다고 자신을 비난하기도 했으며, 남의 말을 거스를 때의 두려움에 몸서리치기도 했다. 그리고 때로는 심하게 격분하기도 했는데 직장 상사, 부모, 동료, 심지어 나에게도 분노했다. 그렇지만 그녀는 매우 용감했기에 애도 기간을 잘 견뎌내고 자신의 상실을 받아들이기 시작했다.

잃어버림부터 받아들임까지, 이것이 바로 애도의 과정이다

애도의 첫 번째 단계는 '부정'이다.

부정은 가장 간단한 일이다. 일어난 일을 부정하면 그것에 대해 고통받지 않아도 된다. 부정은 사실을 보지 못하게 하고 자신이 보고 싶은 것만 보게 한다. 이는 매우 중요한 방어 기제라고 할 수 있다. 만약 부정 단계에 계속 머문다면 인간의 심리 발달은 정체될 것이다. 하지만 이 단계는 고통의 수준이 가장 약해서 사람들은 '부정' 단계를 많이 선호하는 편이다.

부정과 관련된 것은 '격리'이다. 자신을 수많은 감정에서 격리하고 분리시키면 일시적으로 고통을 못 느끼지만 고통은 여전히 존재하고 있다. 고통이 이 방어 기제를 깨뜨리면 두 번째 단계로 진입하게 된다.

두 번째 단계는 '분노'이다.

이 단계에서는 자신이 부정했던 일이 실제로 일어난 사실이었음을 깨닫는다. 그리고 이에 대해 매우 분노하고 수치심을 느낀다. 앞서 언급했던 남편의 불륜 사례를 다시 보면, 처음에 그 여성은 현실을 강하게 부정했지만 고통이 이 방어 기제를 순식간에 무너뜨렸다. 두 번째 단계에 들어선 그녀는 마치 온 세상을 파멸시킬 것 같은 격렬한 분노를 표출했다. 그녀는 이런 사람을 사랑했다는 사실에 분노하며 자신의 어리석음을 비통해했다.

그녀가 얼마나 고통스러웠을지는 말할 것도 없고, 유일한 희망이었던 가족이 떠나면서 모든 삶이 산산조각 나자 그녀는 참을 수 없는 분노를 느꼈다.

우리가 평소에 자주 쓰는 말 중에 '불만족스럽다'라는 말이 있다. 무언가에 불만족스럽고 내키지 않은 상태에서는 집착심리가 발

동되고 다른 사람과도 갈등을 빚게 된다. 집착은 좌절을 겪은 후 상상 속에서 만들어낸 상황으로 자신과 타인 모두를 공격한다. 이런 상황에서는 편집적인 힘이 생겨나면서 자신이 마치 용맹한 정의의 사도라도 된 듯 거의 발악에 가까운 반격을 하며 절대로 포기하지 않는다.

하지만 집착은 많은 시간과 에너지, 심지어 경제적인 소모를 야기하기 때문에 불만족 수치를 더욱 높일 뿐이다. 오랜 시간 동안 반복되는 분노 속에서 사람들의 감정은 저마다 변하기 시작한다. 어떤 사람은 질적인 대응을 하기도 하고, 어떤 사람은 자신을 이해하고 지지하기도 한다. 그리고 점차 세 번째 단계로 진입하게 된다.

세 번째 단계는 '슬픔'이다.

전 단계에서는 이미 말할 만큼 말했고 분노할 만큼 분노했으며, 소모할 만큼 소모했다. 이 단계에서 사람들은 텐션이 가라앉고 피로함을 느낀다. 그리고 그 일이 실제로 발생했지만 내 능력은 한계가 있기에 이 정도까지가 최선이라고 인정하기 시작한다.

이는 상실을 직시하는 단계로 사람들은 이 단계에서 관계, 기회, 청춘, 행복, 용기, 기대, 꿈 등 자신이 잃어버린 모든 것을 보게 된다.

처음 보는 이 낯선 장면들은 사람들에게 큰 공허함을 가져온다. 어떤 사람은 이 공허함을 "절대 메꿀 수 없는 마음의 구멍이 생긴 것 같다"라고 표현했다.

이 단계의 고통은 매우 견디기 어렵다. 부정과 분노 단계에서는 외부로 공격을 퍼부을 수 있지만, 슬픔 단계에서 이를 견뎌내지 못하면 우울증에 빠지고 자신을 공격하게 된다. 그래서 이 단계는 상당히 위험한 단계라고 볼 수 있다.

하지만 우울감도 한 가지 순기능을 갖고 있다. 자신을 이루고 있는 모든 부분을 분해해서 안 좋은 것은 버리고 좋은 것만 취하는 것이다. 이러한 부분적 재구성은 더 강력한 자아를 만드는 데 도움이 된다. 그래서 이 단계에서는 전 단계에서 보였던 격한 반격이나 필사적인 집착과 같은 행동을 되돌아보게 된다. 이는 과거 경험을 반성하고 재구성하는 것과 같다. 이 단계가 끝나면 네 번째이자 마지막 단계로 들어선다.

네 번째 단계는 '수용'이다.

이 단계에서는 일어난 사실을 인정하고 받아들인다. 물론 그 일을 언급하면 여전히 그때의 감정이 떠오르긴 하지만, 예전처럼 순식간에 감정에 휘말리지 않고 안정된 모습을 보인다.

사람들은 서서히 다른 관계를 발전시키며 또 다른 연결을 만들고 주변 사물에 관심을 가지면서 새로운 흥미를 찾기도 한다. 더 이상 환상적인 보금자리에 집착하지도 않으며, 예전에는 무척 신경 쓰였던 일도 이제 그렇게 거슬리지 않는다. 과거를 마주할 때도 그때 자신은 최선을 다했으며 아무것도 이룬 것이 없다면 그것은 자신의 한계 때문이라고 순순히 인정한다. 또한 자신을 향한 비난의 화살을 내려놓고 내면에 다른 감정이 충분히 들어올 수 있는 공간을 만들어 주변 사람과 자기 자신을 더욱 관대하게 포용하기 시작한다. 이러한 안정감 속에서 사람들의 마음은 더욱 평온하고 견고해진다.

위의 4가지 단계는 서로 완전히 독립적이지 않다. 예를 들어 부정 단계에서도 분노를 느낄 수 있고 분노 단계에서 슬픔을 느낄 수 있으며, 슬픔 단계에서도 분노나 수치심, 고독감을 느끼고 순간순간 도망치고 싶을 수도 있다.

이 4가지 단계는 모두 깊은 인내와 끈기가 필요하다. 부정 단계는 우리를 강한 충격에서 보호해 준다. 이 단계에서 우리는 자기 자신을 더 많이 존중해야 하며 대책 없이 현실에 직면하는 것은 아무런 효과가 없다.

분노 단계에서는 최대한 많이 표현하고 발산해야 한다. 상담사나 믿을 만한 사람과 대화하는 것도 좋고, 그룹 활동에 참가하여 간접적으로 분노를 해소하는 것도 좋다. 어떤 사람은 복싱이나 검도와 같은 운동을 선택하기도 한다. 슬픔 단계에서는 보통 텐션이 가라앉지만, 이 단계에서도 적절한 표출이 필요하다. 여기서는 분노 단계에서의 방법과 달리 내면적인 슬픔에 초점을 맞추고 글쓰기, 그림 그리기, 춤추기 등 예술적인 방법으로 슬픔을 승화하여 표현할 수 있다.

마지막 단계에서는 많은 노력이 필요하지 않다. 앞의 3가지 단계를 천천히 밟다 보면 자연스럽게 수용 단계에 이르게 된다.

서두름 없이 천천히 슬픔을 애도하며 마음을 달래는 시간

우리는 살면서 크고 작은 상실을 경험하는데 잃어버린 것들에 대한 애도는 매우 중요한 심리 과정이다. **인생이란 상실과 애도가 반복되는 기나긴 여정이다.**

대부분의 사람은 작은 상실을 겪었을 때는 이를 빨리 떨쳐내기 때문에 업무나 일상생활이 지장을 받지 않는다. 하지만 큰 상실 앞에서는 개인의 심리 구조에 따라 회복 시간도 달라지고 모든 생활이 큰 영향을 받는다.

이에 어떤 사람은 평생을 분노나 슬픔, 우울함 속에 갇혀 있기도 한다. 자신의 상실을 받아들이는 것은 매우 어려운 일이다. 이를 위해서는 충분한 시간이 필요한데 사람마다 그 시간과 속도가 각기 다르다.

우리 아버지는 몇 년 전에 돌아가셨다. 그 시점에 나는 심리 상담 공부를 시작했기 때문에 심리학에서 말하는 애도의 단계에 대해서 어느 정도 알고 있었다. 나는 전담 상담사를 찾아가 이렇게 말했다. "음, 저는 돌아가신 아버지를 애도하려고 해요."

그런데 이게 웬일인가. 나는 의식적으로 갖은 애를 썼지만 무의식의 방해 때문에 아버지에 대한 이야기를 입 밖으로 꺼내지 못했다. 이 상황은 몇 년간 지속됐고 훗날 상담사의 도움을 받아 조금씩 이야기를 할 수 있게 되었다.

나는 이제야 깨달았다. 그때 나는 아버지가 떠난 사실을 마주하고 싶지 않았던 것이다.

아버지를 언급하기 시작하자 나는 깊은 슬픔에 빠졌다. 그리고 상담사에게 이 상실에 대한 분노를 설명할 수조차 없을 정도로 괴로워했다. 난 그저 아버지를 떠나보내고 싶지 않았다. 그를 사랑할 충분한 시간도 없었기에 원망조차 하지 못했다.

그렇게 몇 년 후, 눈물이 조금씩 말라가면서 나는 내 분노에 대해서서히 입을 열기 시작했고 그때마다 다시 슬픔에 빠지곤 했다. 이를 수없이 반복하는 과정은 나에게 너무 가혹한 고통이었다. 이러한 경험을 하면 '마음'이라고 불리는 곳이 얼마나 아플 수 있는지 실감하게 된다.

자, 이제 자신에게 충분한 시간을 주고 고통에서 천천히 빠져나오자. 내가 현실을 마주할 준비가 되었을 때, 무의식은 나에게 신호를 줄 것이다. 사람들은 한 가지 일을 급히 끝내자마자 바로 다른 일을 시작하는 경향이 있다. 하지만 마음의 일이야말로 가장 서둘러서는 안 되며, 그래봤자 아무런 소용이 없다. 우리의 무의식이 전반적인 리듬을 조절하고 있기 때문이다.

나는 모든 생명은 자신만의 성장 속도를 갖고 있다고 생각한다.

나에게 안정감을 주고 나와 슬픔을 함께 할 수 있는 사람을 찾아보자. 앞서 언급한 것처럼 새로운 환경과의 연결을 천천히 시도해보고 그곳에서 사랑과 지지의 힘을 느껴보자. 이는 여러분이 상실에서 벗어나는 데 도움이 될 것이다.

'자기애'는 사람이 성장하면서 부딪히는 궁극적인 문제이다. 그리고 모든 상실은 자기애에 대한 좌절을 가져오기 마련이다. 그러나 자신을 점점 더 나은 사람으로 만들어간다면 상실이 나의 기반을 흔들지 못할 것이다.

내면의 쉼표를 찾는 여정

- 준비물 : 펜과 노트
- 소요 시간 : 15~30분

자신을 사랑하는 시간이 돌아왔다. 조용한 공간과 15~30분의 시간을 준비하자.

조용한 장소를 찾아 몸의 모든 부위를 최대한 편안하게 하고 깊게 심호흡하자. 그리고 머릿속의 모든 생각이 그대로 존재하도록 허용하자. 그저 관찰하되, 판단하지 않는다. 생각이 너무 많아 호흡에 집중하는 데 지장이 있다면, 그 생각들을 오랜 친구처럼 내 옆에 앉혀놓고 다시 호흡에 집중해보자.

빛을 옆에 두고, 내 주변에 있는 간단한 물건을 하나 가져오자.

이 물건은 나의 과거를 의미한다. 베개, 책 또는 나의 과거와 관련된 물건이어도 좋다.

적당한 물건을 찾았다면 그것을 조용히 바라보며 '사랑하는 과거야로 시작해서 그것과 마음속 대화를 나누자.

오래전부터 과거에게 하고 싶었던 말을 모두 털어놔도 좋다. 그리고 그 대화를 글로 옮겨보자.

애도의 힘 II:
용기 있는 전진을 위한
6가지 포인트

애도를 위해서는 시간이 필요하다. 시간은 우리를 절망 속에 빠뜨리기도 하지만 때로 희망을 주기도 하고, 상처를 서서히 치유해 주기도 한다.

우리는 앞에서 애도의 과정을 살펴보았다. 이번 장에서는 애도를 대하는 방법에 대해서 구체적으로 이야기하고자 한다. 여기에서 나오는 6가지 포인트는 우리의 더 나은 삶을 위한 조력자 역할을 할 것이다.

첫째, 자신에게 슬퍼할 권리를 주기

너그러운 마음으로 자신에게 이렇게 말해 보자.

"충분히 슬퍼해도 돼."

숱한 상실을 겪으며 우리는 이미 아플 만큼 아팠다. 나를 위해 할 수 있는 가장 중요한 일은 자기 자신에게 슬퍼할 권리를 주는 것이다. 지금 내가 어떤 애도 단계(부정, 분노, 슬픔, 수용)에 있든지, 그 단계를 충분히 경험할 수 있도록 자신을 내버려 두자.

부정은 매우 정상적인 반응이다. 누구에게나 상실은 고통스러운 존재며, 고통을 방어하는 가장 흔한 방법이 바로 부정이다.

잔혹한 현실은 사람을 도망치고 싶게 만들기 때문에 현실을 마주하자마자 바로 부정하는 것은 극히 정상적이다. 내가 알고 있는 사람들 중에서도 상실에 직면했을 때 부정하지 않은 사람은 거의 없었다. 단지 개인마다 시간 차가 있을 뿐 아마도 대부분의 사람은 부정의 반응을 보일 것이다. 밤새도록 부정하다가 다음 날 바로 현실을 받아들이는 사람도 있고, 꽤 오랜 시간 동안 부정하는 사람도 있으며 심지어 평생 부정하는 사람도 있다.

부정하는 동안 사람들은 죄책감을 느끼며 모든 상황을 자기 탓으로 생각하기도 하고, 비난의 화살을 타인에게 겨냥해 원망하곤 한다. 어느 방식이든지 내면의 저변에는 고통을 피하고자 하는 욕구가 깔려 있다.

물론 자신이 매우 강한 힘을 갖고 있다면 도망칠 필요 없이 현실을 직면할 수 있을 것이다. 많은 사람은 자신과 타인 모두에게 모순적인 강박을 갖고 있다. 고통 앞에서 슬퍼하지 않는 것, 이는 자신이 슬픔 앞에서도 우뚝 설 수 있는 힘을 갖기를 바라는 마음일 것이다. 하지만 우리는 인간이기에 나약해지는 순간이 있기 마련이며 매 순간 자신에게 용맹함을 강요할 수는 없다.

이런 모순적인 강박에 사로잡힐 때가 바로 우리가 나약해지는 시점이다. 너그러운 마음으로 자신을 포함한 모든 사람을 평범한 사람으로 바라봐야 한다. 모두가 나약해지고 현실을 부정한다고 해도 그대로 내버려 두자. '말도 안 돼, 왜 이러는 걸까?'라는 답답한 느낌이 들어도, 판단하거나 비난의 족쇄를 채워서는 안 된다.

마찬가지로 분노와 슬픔이 엄습할 때 자신이 그 감정을 충분히 느끼도록 허용하자. 이는 정말로 시간이 필요한 일이기에 그 감정에서 당장 벗어나라고 자신을 압박해서는 안 된다.

둘째, 이미 일어난 사실을 존중하기

이미 일어난 일은 명백한 사실이며, 존중해야 할 가치가 있다. 현실을 회피하는 것은 정상적인 반응이지만 이것이 습관이 되어 나의 삶에 영향을 미친다면 스스로 단호하게 말해 보자.

"더 이상 피하지 마. 난 현실을 존중할 거야."

사람들은 현실을 받아들이지 않으려고 비난의 카드를 쓰곤 한다.

예를 들어 내가 다른 사람의 비위를 맞추려다가 큰 손해를 입게 됐다고 가정해 보자. 이 일로 큰 충격에 빠진 나는 책임을 외부로 돌리고 비난을 퍼붓기 시작한다. 이는 고통을 방어하는 방법 중 하나로 볼 수 있다. 비록 이런 행동이 내면의 고통을 어느 정도 완화해 줄 수는 있지만, 근본적인 문제를 해결하지는 못한다. 자기 자신이나 타인을 비난하고 싶을 때, 비난을 존중하면서 그것이 더 이상 커지지 않도록 진정시키자. 비난은 나와 타인을 상처 입히는 날카로운 칼이다.

비난은 보통 두 가지 방식이 있다. 첫 번째는 타인을 비난하여 상대방이 상황에 대한 모든 책임을 져야 한다고 생각하는 것이다. 비난을 받은 상대가 괴로워하는 것을 보면 자신의 고통이 완화되는 듯한 느낌을 받기 때문이다. 두 번째는 자기 자신을 비난하는 것으로, 내면의 자아가 두 부분으로 분열되어 거만하고 완벽한 자아가 미숙하고 나약한 자아를 비난한다.

이 두 가지 방식은 외부를 향한 공격과 내부를 향한 공격이라고 할 수 있다. 어느 쪽으로 향하든지 비난은 사람의 내적인 죄책감을 키우고 자기 자신의 힘을 약화시킨다.

애도 과정에서 자책과 비난은 반복적으로 동시에 나타난다. 사람들은 분노 섞인 비난을 퍼붓고 나면 다른 사람을 그렇게 비난해서는 안 된다는 자책감에 휩싸이곤 한다. 자책은 매우 괴로운 감정 경험으로, 자신이 책임을 다하지 못하고 남을 상처 준 것에 대한 깊은 후회를 불러온다. 자책이 가져오는 고통 역시 사람들을 도망치고 싶게 만든다. 그래서 자책은 다시 분노 섞인 비난으로 전환되고 '자책 – 비난 – 자책'의 악순환이 반복된다.

우리는 자신이 고통을 피하고자 어떤 방식을 사용했는지, 어떤 감정이 나타났는지를 살펴보아야 한다. 여기에서 우리는 앞서 언급했던 '자유롭게 열려 있는 주의 집중'을 동원하여 이 모든 것을 관찰할 수 있다. 만약 그 과정에서 비난을 감지했다면 아무런 판단도 하지 말고 이미 발생한 그 감정을 그대로 존중해주자.

그리고 나 자신에게 부드럽게 다가가 스스로 진정시키며 이렇게 말해 보자.

"네가 왔구나. 이리 와서 내 옆에 앉아."

셋째, 나는 강한 사람임을 인정하기

감정의 중심에 들어가 감정을 경험할 때 회피하거나 대항하지 말고 자신에게 이런 말을 해 보자.

"나는 강한 사람이야."

그리고 자꾸 현실을 부정하고 싶을 때는 스스로가 어떤 감정을

250

느꼈는지 고민해 보고 최대한 정면으로 마주하려고 노력해야 한다.

우리는 모두 강한 사람이다. 더욱 부드러운 태도로 감정들의 존재를 허용하고 그들에게 충분한 공간을 마련해 주자. 조급하게 보내려고 한다거나 그 감정의 뿌리를 철저히 뽑으려고 해서는 안 된다. 그 감정들이 그 자리에 머무를 수 있도록 허락해 주자. 감정은 나의 신체와 내면 공간을 지나 서서히 나를 떠나갈 것이다.

이 과정에서 우리는 감정의 궤적을 보게 될 것이다. 감정이 갑자기 격해지다가 정점에 이르고 그 후로는 서서히 약해지면서 안정 상태로 들어간다. 이러한 감정 과정을 직접 경험하면 감정에 대한 공포감이 줄어들고 전반적인 흐름을 파악하면서 내적 통제 능력이 강해진다.

어떠한 감정에 빠질 때마다 조용히 그 감정의 존재를 체감하며 나 자신의 힘이 점점 차오르는 것을 느껴보자.

넷째, 나의 안전함을 인정하기

나의 지난날을 털어놓고 다양한 긍정적인 시도를 하며 자신에게 말해 보자.

"나는 충분히 안전해."

자신의 지난 이야기를 글로 적는 것은 마음과의 대화이다. 그 어떤 것에도 구애받지 말고 자유롭게 써 내려가자. 글쓰기는 마음의 표현이자 해소이며, 정리하는 과정이기도 하다. 다 쓴 뒤에는 글을 말로 표현할 수도 있다.

자신의 이야기를 말하는 것을 두려워하지 말자. 감정의 동물인 인간에게는 감정적인 연결이 필요한 법이다. 나의 이야기를 경청해 줄 친구나 상담사를 찾아가는 것도 좋고, 건전한 모임에 참여하여 나의 이야기를 들어줄 믿을 만한 사람을 찾는 것도 좋다. 이는 우리의 고통을 크게 덜어줄 것이다.

상대가 내 이야기에 귀를 기울이며 나에게 안전한 느낌을 준다면 내가 겪은 일이 어떻게 일어났으며, 어떤 경과를 거쳐 어떤 결과가 나왔는지 천천히 이야기해 보자.

누군가 나의 이야기를 경청한다는 것은 두 사람 사이에 감정을 수용하고 고통을 안정시킬 수 있는 공간을 만드는 것과 같다.

심리 상담 워크숍에서 한 여성이 자신의 이야기를 다른 사람들과 공유했다. 어릴 적에 그녀는 엄마의 기분이 괜찮은지 항상 눈치를 보았다. 엄마를 기쁘게 하고 싶어서 자주 거짓말을 했고, 꾸며낸 이야기를 사실인 양 얘기하는 것이 습관이 되어버렸다. 그러던 어느 날, 그녀의 거짓말로 빚어진 오해 때문에 온 가족이 한바탕 전쟁을 치렀고, 싸우는 과정에서 할머니가 크게 다쳐 입원까지 하게 되었다. 그리고 할머니는 반년 후에 돌아가셨다.

당시 그녀는 고작 7, 8살이었다. 그 후로 몇 년 동안 그녀는 자기 때문에 할머니가 돌아가셨다는 깊은 죄책감에 빠져 있었다. 자신을 애지중지 아껴주셨던 할머니를 생각하면 자신을 절대 용서할 수 없었다.

그녀의 이야기가 끝나자, 그 자리에 있던 사람들이 이런 반응을 보였다. "그건 당신의 잘못이 아니에요. 어른들에게 문제가 있었던 거죠.", "그 당시 당신은 어려서 아무것도 몰랐고 너무 무서웠기 때문에 거짓말을 한 것뿐이에요.", "자신의 이야기를 이렇게 공유할 수 있는 당신은 정말 용기 있는 사람이에요.", "저도 비슷한 경험이 있어서 당신의 심정을 이해할 수 있어요. 우리 둘 다 쉽지 않은 삶을 살았네요…."

다른 사람들의 피드백을 묵묵히 듣고 있던 그녀의 눈시울이 붉어졌다. 그녀가 자신의 이야기를 하면서 억압된 슬픔의 눈물을 흘렸다면 지금 이 눈물은 감동의 눈물이었다. 그녀는 자신이 나쁜 사람이라고만 생각해왔는데 다른 사람들이 자신의 이야기에 귀 기울여주고 심정을 이해해 주자 마음속 차갑게 얼어붙은 감정들이 사르르 녹아내리는 듯했다.

그녀는 그동안 마음속에 아픔을 감추고 살았기 때문에 다른 사람을 만날 때마다 왠지 모를 거리감을 느꼈다. 그래서 친구를 제대로 사귀지도 못하고 늘 외로움에 허덕였다. 그런데 이날, 감춰왔던 자신의 이야기를 공유하면서 비로소 다른 사람과 연결되는 느낌을 받았다. 그리고 세상에는 자신과 비슷한 경험과 감정을 가진 '동지'가 많다는 것을 알게 되었다. 또한 그동안 자신의 마음속에 있는 줄 알았던 '악마'가 사실은 그렇게 어두운 존재가 아니었음을 깨달았다.

그녀가 다른 사람의 눈치를 살피고 거짓말을 했던 근본적인 이유는 타인에게 사랑받지 못할 것이라는 두려움 때문이었다. 그녀는 이 두려움을 알아차리지 못하고 자신이 가족을 상처 입힌 것만 생각하며 자책해왔다. 하지만 '동지'들의 피드백을 통해 그녀는 자신의 왜곡된 생각을 다시 바로잡는 기회를 얻었다.

사람들은 다양한 방식으로 성장하는데 친구의 힘을 빌리는 것도 하나의 방식이다. 친구에게 신뢰와 이해, 존중, 지원을 받으며 자신이 안전하다는 느낌을 받을 수 있다.

다섯째, 이별을 받아들이기

확신에 찬 긍정적인 말투로 스스로 자신감을 실어주며 작별 의식을 해 보자. 마음속으로 '나는 이별을 받아들일 수 있다'라고 말하거나 이 문장을 노트에 적은 후 거울을 보며 읽어도 좋다.

자신의 지난 이야기를 반복적으로 털어놓으면 감정의 흐름이 원활해진다. 타인이 주는 에너지와 자아 성장의 힘이 밑거름이 되어 현실을 천천히 받아들이고 이 일을 다시 언급해도 이전처럼 격렬한 감정에 휘말리지 않게 된다. 이는 애도의 과정이 점점 끝나간다는 것을 의미한다.

어떤 사람은 의식이 필요 없을 수도 있지만, 어떤 사람에게는 의식이 매우 중요하며 심지어 반복적인 의식이 필요하기도 하다. 내 경험상으로 작별 의식은 애도 과정을 단축하는 데 도움이 된다.

작별 의식은 매우 객관적이고 현실적인 사실을 알려주기 때문이다 : 그 일은 이미 일어났고, 이제 그것은 과거가 되었다.

나만의 독창적인 작별 의식을 준비할 수도 있다. 이별 선물이나 특정 시간, 편안한 공간 등 이 모든 것이 작별 의식의 일부가 된다. 어떤 사람은 여행 일정에 이 의식을 포함시키기도 한다. 예를 들어 신비로운 작은 섬이나 의미 있는 작은 집을 의식의 장소로 선택하는 것이다. 사람마다 방식은 다를 수 있지만, 내적 감정이 원하는 바를 충분히 표현해야 한다는 점을 기억해야 한다.

어떤 여성은 초원 위에 돌멩이와 꽃으로 활짝 핀 꽃 모양을 만들어 지난 사랑을 기렸다. 과거 초원에서 처음 만났던 두 사람은 얼마 지나지 않아 서로 상처만 주고받는 관계가 되었다. 늘 상대의 눈치를 보며 비위를 맞추는 여자, 그리고 지나치게 강압적이고 통제적인 남자, 이 둘의 관계는 결국 남자의 배신으로 끝이 났다. 이 여성은 꽤 오랫동안 이별을 받아들이지 못하고 그의 배신과 자신의 졸렬함에 대한 증오 속에서 하루하루를 살았다.

그녀는 3년이라는 긴 시간 동안 때로는 일도 할 수 없을 만큼 힘들었지만, 한 걸음씩 극복해 나갔다. 여행을 가기도 하고 사회단체나 심리 성장 모임에 참여하기도 했으며, 영어 실력을 높여 해외 연수 기회를 얻기도 했다. 이렇게 그녀는 더 넓은 세상으로 나가면서 지난날 자신이 얼마나 나약하고 어리석었는지를 비로소 깨달았다. 1년의 연수 기간이 끝난 후, 그녀는 다른 사람이 되어 있었다.

귀국 후, 그녀가 가장 먼저 찾은 곳은 두 사람이 처음 만났던 초원이었다. 그곳에서 그녀는 돌멩이와 꽃을 가져와 활짝 핀 꽃 모양을 만들며 지난날 이 꽃처럼 피어나기를 갈망했던 자신의 모습을 회상했다. 이 '잘못된 만남'을 통해 그녀는 자신을 정면으로 마주하고 진정한 자신을 찾는 기회를 얻었다.

이 의식은 그녀가 지난날과 작별할 수 있도록 도와주었다. 과거는 과거에 남겨두고, 그녀는 미래로 당당하게 나아갔다.

여섯째, 나는 계속 전진할 수 있음을 인정하기

스스로 자신 있게 말해 보자. "나는 계속 전진할 수 있어." 애도는 과정이자 단계이다. 슬픔에 빠진 사람은 해야 할 일에 좀처럼 집중하지 못한다. 하지만 앞서 말했듯이 감정은 포물선과 같아서 충분한 허용과 표현을 받으면 정상 범위로 돌아오기 마련이다. 그러므로 마음이 평온해졌을 때 그동안 못했던 일을 다시 시작하면 된다. 문득 지난날이 떠올라 다시 슬픔에 잠길 수도 있지만, 이 또한 지나갈 것이며 우리의 삶은 계속된다는 것을 잊지 말자.

자신을 향한 긍정적인 격려는 희망을 안겨주고 더 큰 자신감을 느끼게 해준다. 지나간 것들은 다시 돌아올 수 없지만 우리는 거기서 많은 교훈과 인생의 지혜를 얻고, 나의 한계와 나의 노력을 볼 수 있다. 이 모든 것은 내면을 풍부하게 만들고 내면의 힘을 키워줄 것이다.

내 안에 긍정적인 힘을 수용할 수 있는 공간이 있다면 자신을 열심히 격려해 주자. 혹시 자신의 힘이 아직 부족하다고 느낀다면 주변에 믿을 만한 사람이나 나를 이해해 주는 사람에게 부탁해서 정기적으로 격려를 받는 것도 좋다. 물론 이 또한 부담이 되지 않도록 스스로 리듬을 조절해야 한다.

상처를 안고 앞으로 나가는 것, 이것이 우리네 삶이다. 모든 문제를 완벽히 해결한 뒤 다음 단계로 나아가기는 힘들다. 완벽을 추구하는 것 자체가 진을 빼기 때문이다. 여전히 두렵고 불안하며, 슬프고 분노할 수도 있지만, 새로운 단계를 향해 용감하게 손을 뻗어보자. 주변에 있는 사물의 선과 광택, 색상을 천천히 탐색하고 나와 연결되고 있음을 느껴보자.

프로이트 이후 가장 사랑받는 정신분석가로 평가받는 위니코트는 이렇게 말했다.

"창조는 그 무엇보다 개인에게 의미 있는 삶을 느끼게 해준다."

우리는 무언가를 잃을 수도 있고 고통을 겪을 수도 있지만 어떤 방식으로든 다시 창조할 수 있다. 창조는 우리에게 강한 에너지와 의미, 희망을 가져다줄 것이다.

내면의 쉼표를 찾는 여정

- 준비물 : 펜과 노트
- 소요 시간 : 15~30분

자기 자신과 함께하는 시간이다. 조용한 공간과 15~30분의 시간을 준비하자. 조용한 장소를 찾아 몸의 모든 부위를 최대한 편안하게 하고 깊게 심호흡하자. 그리고 머릿속의 모든 생각이 그대로 존재하도록 허용하자. 그저 관찰하되, 판단하지 않는다. 생각이 너무 많아 호흡에 집중하는 데 지장이 있다면, 그 생각들을 오랜 친구처럼 내 옆에 앉혀놓고 다시 호흡에 집중해 보자.

빛을 내 옆에 두고, 나에게 아직 애도를 끝내지 못한 상실이 있다면 그 상실 속에 들어가 보자. 일, 기회, 사람, 지나간 시간 등 지난날 내가 놓치고 잃어버렸던 것 그 무엇이든 상관없다. 여유를 갖고 그것을 충분히 느껴보자.
충분히 느꼈다면 그 감정을 색상이나 형태로 표현하거나 문장으로 써보자.
다 작성한 후에는 2분 동안 침묵의 시간을 갖도록 한다.

이어서 그 상실 속에서 나를 일으켰던 힘이 무엇이었는지 살펴보자.
서두르지 말고 천천히 느끼며 그것에 손을 뻗어보자. 지난날의 고통에서 벗어나 지금까지 걸어오게 만든 나의 원동력을 만나는 시간이다. 이는 나 자신이거나 다른 사람, 심지어 자연 환경이 될 수도 있다. 분명 어떤 특정한 힘이 나를 지탱해 주고 있었을 것이다.
그 힘이 무엇인지 발견했는가? 이는 온전히 나만의 에너지로서 앞으로도 언제나 나와 동행하면서 끊임없이 힘을 실어줄 것이다.

뿌리 내리는 힘: 감정을 성장시키는 5가지 방법

걸핏하면 남에게 의존하거나 늘 회피하며 고독에 빠지는 것은 모두 자아의 뿌리가 내면에 있지 않음을 의미한다. 나약한 영혼은 다른 사람에게 뿌리를 내리려고 하겠지만 우리는 이제 그러면 안 된다는 것을 잘 알고 있다.

허망한 환상에 빠져 있는 상태에서는 뿌리를 내릴 수 없다. 허상은 뿌리내리는 것으로부터의 도피이기 때문이다. 어떤 사람은 자신은 원래 뿌리 같은 건 없다고 생각할 수도 있지만 모든 사람은 뿌리를 갖고 있다. 그저 자신의 뿌리를 깊이 내릴 수 있느냐 없느냐의 차이가 있을 뿐이다. 뿌리를 단단히 내리지 않으면 약한 바람에도 쉽게 흔들리고 소속감도, 안전감도 느낄 수 없다.

남의 비위를 맞추는 성향의 사람은 자신의 뿌리를 내리지 못한 상태라고 할 수 있다. 굳게 뿌리를 내리기 위해서 다음과 같은 방법을 활용해 보자.

첫 번째 단계, 자신을 소중히 여긴다.

혹시 자신을 위해 좋은 물건을 사는 것은 아까워하면서 사랑하는 사람에게는 망설임 없이 돈을 쓰지는 않는가? 어떤 사람은 연인에게 물질적인 행복을 주며 자신도 행복을 느낀다. 이는 어찌 보면 당연한 일이다. 반면 어떤 사람은 연인에게 베푸는 것을 억울한 희생으로 생각하며 억지로 지갑을 연다. 만약 여러분이 후자라면, 다음과 같은 방법으로 자신을 변화시킬 수 있다.

먼저 타인이 아닌 자신을 만족시키는 것이 중요하다. 만약 내 마음에 들면서도 지갑 사정에 맞는 물건을 본다면 과감하게 '질러'보자. 물건 하나로 삶에 소소한 활력을 얻을 수 있다. 하지만 막상 이렇게 하려면 망설이게 될 것이다. 특히 남의 비위를 맞추는 성향의 사람은 다른 사람을 더 중요하게 생각하는 것에 익숙하기 때문에 더 어렵게 느낄 수도 있다.

타인만 우선시하며 자기 자신을 간과하고 있었음을 깨닫고 자신의 나약함과 두려움을 이해했다고 해도 이것만으로는 충분하지 않다. 우리의 가장 중요한 임무는 남의 비위를 맞추는 패턴을 실질적으로 변화시키는 것이기 때문에 보다 적극적인 시도가 필요하다. 자신의 굳어진 행동 방식에 불편을 느낄 때 다른 방식을 찾는 것도 좋은 시도이다. 이는 다른 가능성의 탐색을 의미하기 때문이다.

어떤 사람은 자신을 중요한 사람으로 여기는 것을 어색해하고 부끄러워하기도 한다. 아마도 누군가에게 중요한 대우를 받은 적이 없거나, 이런 대우에 익숙하지 않아서일 것이다. 나는 그들에게 이런 말을 해주고 싶다. 당신은 좋은 것을 가질 자격이 충분히 있다고.

물건이 싸든 비싸든 내가 원한다는 것 자체만으로 구매할 가치가 있는 것이다. 그 물건을 살 수 있는 능력이 된다면 문제 될 게 없지만, 지갑 사정이 여의치 않아 사지 못한다고 해도 당신이 그것을 가질 자격이 없다는 것은 아니다. 언젠가는 그것을 소유할 수 있는 적절한 타이밍이 찾아올 것이다.

자신의 내면을 중요시하고 소중하게 대하는 것은 정신적 차원의 자부심과 관련 있다. 우리는 다른 사람의 간섭이나 도움 없이 자신의 필요를 직접 충족시킬 수 있다. 물론 누군가 적극적으로 나의 가려운 곳을 긁어주며 내가 원하는 것을 채워준다면 더할 나위 없이 좋겠지만, 그런 사람이 없다면 '나'라는 가장 중요한 자원을 활용해서 스스로 충족시키는 방식에 적응해야 한다. 내가 원하는 것과 필요로 하는 것을 존중하고 이를 채우려고 노력할 때, 나 자신도 좋은 대우와 존중을 받을 만한 가치 있는 사람이라고 느끼게 된다.

자신을 중요한 사람으로 만들어주는 '나'라는 가장 큰 자원을 간과하지 말자. 나 자신을 한 사람으로 바라봐야 한다. 나는 누구의 도구도 아니며 아무렇게나 다뤄도 되는 장난감도 아니다. 우리에게는 자유와 휴식, 행복이 필요하다. 때로는 슬퍼할 수밖에 없는 상황이 오기도 하지만 이 또한 우리네 인생이다. 우리는 신이 아니기에 모든 일을 주관할 수는 없음을 기억하자.

두 번째 단계, 자신을 유연하게 만든다.

나는 내적 역량이 강화되고 안정을 찾는 것을 '뿌리내림'으로 비유하고, 외부의 방해를 '바람'으로 비유했다. 남의 비위를 맞추는 사람은 내적인 기반이 불안정해서 외부의 반응이나 의견에 쉽게 동요되고 휘말린다. 굳게 뿌리 내리지 않으면 바람이라는 외부 요인에 상처를 입게 된다. 그래서 우리는 자신을 더욱 유연하게 만들어야 한다. 외부의 소리가 들리면 내면으로 돌아와 스스로 물어보자.

'나는 어떤 생각을 하고 있지? 나는 정말 그들이 말하는 그런 사람일까?' 이에 답하기 위해서는 보다 독립적인 판단이 필요하다. 나는 다른 사람 눈에 비치는 부모나 배우자, 아이가 아니라 나 자신이다. 나 자신을 바로 세우면 타인의 냉혹한 평가에 충격받더라도 그저 바람결에 따라 나뭇잎만 살짝 흔들릴 뿐 줄기는 아무런 상처도 입지 않는다.

경직된 마음은 상처 입기 쉽다. '경직'이란 유연하지 않아 환경의 변화에 맞춰 따라가지 못하는 것을 의미한다. 예를 들어보자. 어느 날 친구가 당신에게 자신의 협력 파트너가 마음에 안 든다고 불만을 토로하며 그 사람과 협력하지 않겠다고 호언장담했다. 그런데 얼마 지나지 않아 친구는 그 사람과 계속 협력하기로 다시 마음을 바꿨다. 친구의 변덕에 혼란을 느낀 당신은 친구를 질책했다. "아니 왜 갑자기 마음이 바뀐 거야? 그 사람과 끝낸다고 하지 않았어? 왜 계속 협력하기로 한 거야? 너무 줏대가 없는 거 아냐?"

이것이 바로 경직된 상태다. 이럴 때 우리는 자신의 경직된 대응 방식을 인지하고 그것을 개선하려고 노력해야 한다.

외부에서 불어오는 바람의 힘, 그리고 억압과 반항의 힘은 이중 압력을 가하기 때문에 이에 상처 입기 쉽다. 하지만 유연한 시각으로 바라보면 외부의 누군가를 위해서가 아니라 자신의 공간을 넓히기 위해 변화해야 함을 깨닫게 될 것이다. 위의 예시에서 친구는 자신의 생각과 결정권을 갖고 있으며, 이는 한 사람으로서의 자유이자 권리이다. 물론 당신도 자신만의 생각을 가질 수 있고 이 역시 마땅히 존중받아야 하는 자유의지다.

여러분의 주변 사람들은 어떤가? 그들은 자신의 의견을 적절하게 표현하는가, 아니면 강요하는가? 당신이 그들에게 적대감을 느낀다면 이 질문에 방어적으로 반응할 것이고, 그들이 안전하다고 느낀다면 편안한 반응을 할 것이다. 만약 적대감이 느껴진다면 스스로 물어보자. "그 사람은 정말로 나를 상처 주려고 하는 걸까?" 타인이 타인 그대로 존재하도록 허용한다면, 나 또한 나 자신이 될 수 있다.

다양한 분야의 친구들을 사귀고 새로운 경험을 시도하기를 추천한다. 이는 시야를 넓히고 타인을 이해하고 인생을 이해하는 데 도움이 될 것이다.

세 번째 단계, 자신을 단단하게 만든다.

불안정한 마음은 쉽게 동요된다. 주의가 산만해지고 정신이 흐트러질 때는 천천히 심호흡하면서 나를 현재로 데려오자. 그리고 혼란스러울 때는 주의를 현재에 집중시키려고 노력해 보자. 현재의 공간과 시간에 있는 모든 것이 여러분이 환상과 현실을 구별하는 데 도움을 줄 것이다.

"나는 지금 어디에 있을까? 지금 나는 어떤 색이 보이고 어떤 소리가 들리며 어떤 냄새를 맡고 있지?" 스스로 이러한 질문들을 하다 보면 서서히 안정을 찾게 될 것이다.

우리는 또한 내면에서 삶의 이치를 일깨워 낼 수도 있다. 지금 눈앞에 벌어지는 일들이 어차피 내가 겪어야 할 숙명이라고 생각하고 그 경험 속에 푹 빠져보는 것이다.

이러한 방식은 불필요한 판단이나 잡념을 줄일 수 있다. **과거는 이미 떠났으며 미래는 불확실하다. 오직 현재만이 매 순간 존재하며 내가 와서 경험해 주길 기다리고 있다.** 피할 수 없는 현실이라면

'용기'라는 갑옷을 입고 당당히 나아가 부딪혀보자.

단단함이란 확고함을 의미하며 자신에 대한 신뢰와 직결된다. 더 깊은 차원에서 보면, 이는 매우 패기 넘치는 시각이자 지탱하는 힘이며, 생명의 신념이자 미래를 향한 희망이고, 향후 겪을 고난에 대한 포용이다.

내면이 단단해지면 나 자신이야말로 유일무이한 소중한 존재임을 받아들이게 된다. 이로써 인생이라는 수련은 해 볼 가치가 있고, 어두운 밤이 지나면 밝은 아침이 올 것임을 확신할 수 있다. 또한 자신의 선량함과 열정, 그리고 자유를 갈망하고 수호하고자 하는 나 자신에게 깊은 신뢰를 느낀다.

내 이름이 적힌 도장을 손에 꼭 쥐고 세상을 바라보는 시각과 견해를 넓히자. 부단히 고민하고 생각하며 과거와 경험에서 끊임없이 배우길 바란다. 누군가의 불합리한 행동을 보았을 때 이제 나의 내면은 나는 그렇게 해서는 안 된다고 말해 줄 것이고, 나의 감각은 내가 진정으로 원하는 방향을 가르쳐 줄 것이다.

외부의 모든 것이 자신의 자원이 될 수 있다. 그중에서 나에게 가장 적합한 것을 찾아서 나의 비옥한 토양에 굳게 뿌리 내리게 해야 한다.

네 번째 단계, 깊이 있는 자신을 만든다.

주변의 모든 것들과 섬세하게 연결되도록 시도해 보자. 현재의 모든 순간이 영원한 감각을 만들어낼 수 있다.

마음을 담아 밥 한 그릇을 먹어보자. 쌀알 하나하나의 향긋함을 천천히 음미해 보자.

마음을 담아 나뭇잎 한 장을 관찰해 보자. 나뭇잎의 모양과 색깔을 유심히 살펴보기도 하고 바람결에 가볍게 흔들리는 모습을 감상해 보자.

마음을 담아 음악 한 곡을 들어보자. 멜로디와 리듬, 그리고 이 음악을 듣고 떠오르는 이야기를 느껴보자.

마음을 담아 그림 한 장을 그려보자. 색감이나 형상, 그 안에 담긴 의미에 주의를 기울여보자.

마음을 담아 가장 좋아하는 친구와 함께 산책해 보자. 평온함을 즐기며 서로의 고민과 비밀을 나누어보자.

마음을 담아 자녀와 함께 시간을 보내 보자. 아이가 좋아하는 놀이를 하는 것도 좋다. 이 소중한 시간 내내 나의 눈에는 애정이, 마음속에는 사랑이 가득 차오를 것이다.

마음을 담아 나의 고통과 슬픔, 두려움을 마주해 보자. 이 감정들과 함께하는 것은 옛 친구를 만난 것과 같다. 소란스럽지 않게 조용히 그들을 안아주면서 내가 언제나 그들의 옆에 있음을 알려주자.

마음을 다해 나만의 행복을 누려보자. 마음껏 웃고 즐기다 보면 나의 진심이 나를 더 깊은 곳으로 안내해 줄 것이다.

모든 방면에서 깊게 뿌리 내리고 싶다면 주변의 모든 것들과 연결을 시도해 보자. 가족, 친구, 동료뿐 아니라 자신이 소유한 물건이나 즐겨 하는 활동, 주변 환경과도 연결될 수 있다.

열린 마음으로 주변에 있는 자원들을 대하며 자신이 원하는 것을 자유롭게 선택할 수 있다. 이들과 연결되는 순간 '깊이 있는' 존재가 나타날 것이다. 서서히 쌓으며 단단하게 다지는 것, 이것이야말로 깊은 이해를 위한 최적의 방법이다.

깊은 연결은 뿌리를 깊게 내리는 것과 같다. 이 깊이 있는 질감은 매우 매력적이고 정감 있으며 심오하다.

다섯 번째 단계, 자신을 재성장 시킨다.

재성장은 기존의 패턴이 서서히 새로운 패턴으로 대체되는 것을 의미한다. 이는 희망이자 강력한 에너지다.

우리는 항상 스스로 무언가를 시도할 기회를 만들어야 한다. 시도조차 하지 않으면 그것이 될지 안 될지 어떻게 알 수 있겠는가.

길고도 짧은 우리네 인생을 조금 더 용감하게 살아보자. 그동안 계속 미루어 왔던 일들을 시작하거나, 하고 싶었지만 하지 못했던 말들을 전해 보자. 그리고 사랑한다고 말하지 못했던 사람에게 나의 마음을 표현해 보자.

자신의 공격성을 두려워하지 말고 나만의 땅에서 나만의 꽃을 피워보자. 물론 이 꽃은 세심한 보살핌이 필요하고 이 꽃을 지켜줄 보호막도 필요하다. 이때 나의 공격성이 보호막이 되어 줄 수 있다. 이 보호막은 자신의 필요에 따라 유연하게 변할 수도 있고, 중요한 순간에는 나서서 지켜줄 것이며 폭풍우가 몰아칠 때는 안전하게 보호해 줄 것이다.

자신이 잘하고 즐기는 분야에 깊이 파고들어 인생의 기쁨과 행복을 느껴보자. 열심히 일하고 노력하며 세상의 맛있는 음식과 아름다운 만물을 열심히 즐기자. 뿌리를 깊고 단단히 내리면 나 자신은 더욱 풍성하게 피어날 것이며, 더욱 안정적인 삶을 영유하게 될 것이다.

내면의 쉼표를 찾는 여정

- 준비물 : 펜과 노트
- 소요 시간 : 15~30분

    이번 연습에서는 아름다운 사물이나 자연과 같이 물질적 세계가 주는 힘을 언급하고자 한다. 독립적이고 안정적인 자아를 가지면 언제 어디서든 자원을 발견하고 그로부터 에너지를 얻을 수 있다.

    이번에 우리는 조금 다른 연습을 해볼까 한다. 그것은 바로 '뿌리 내리기' 연습으로, 안정적이고 단단한 나를 만드는 데 도움이 될 것이다.
    평소처럼 조용한 공간과 방해받지 않는 15~30분의 시간을 준비하자.
    그리고 자세를 최대한 편하게 한 후, 눈을 감고 깊게 심호흡하자. 머릿속의 모든 생각이 그대로 존재하도록 허용하자. 그저 관찰하되, 판단하지 않는다.
    몸과 마음이 편안해졌다면 빛을 다시 나의 곁으로 초대해 보자. 빛은 나를 보호해 주고 힘을 실어줄 것이다.

빛을 옆에 둔 채로, 내가 나무가 되었다고 상상해 보자. 나는 땅과 긴밀히 연결되어 있어서 땅이 나를 단단히 지탱하고 보호해 준다. 나의 뿌리는 땅속에 깊이 박혀 있고 내가 뿌리를 더 깊게 내릴 수 있도록 알 수 없는 힘이 도와주고 있다.
'나'라는 나무는 무럭무럭 자라면서 무성한 잎과 가지를 뻗어나가며 주변 세계와 더 많이 연결된다.
이러한 감정을 충분히 느낀 후, 천천히 눈을 떠보자.

이제 일어서서 땅에 굳게 박힌 나무처럼 두 발을 땅에 단단하게 붙이고 서보자. 그리고 땅 밑으로 힘을 전달하며 대지와의 연결을 느껴보자. 이어서 두 팔을 활짝 벌려 나뭇가지처럼 사방으로 뻗어나가는 모습을 상상해 보자. 이때 거센 바람이 불어오면서 나를 사정없이 흔들지만, 나는 여전히 땅 위에 서 있다. 서서히 바람이 멈춘 후, 나의 뿌리가 아직도 견고하게 박혀 있음을 온몸으로 느껴보자.

이 감각을 기억해서 글로 쓴 후에 마음을 다해 한 자 한 자 읽어보자.

이 연습은 뿌리내리는 느낌을 보다 직관적으로 경험하는 데 도움이 될 것이다. 여유가 된다면 이 연습을 자주 하는 것을 추천한다.

나 자신에게
따뜻한 사랑과 관용을 베풀자

처음에는 '남의 비위 맞추기'라는 주제가 이렇게 큰 관심을 받을 줄 몰랐다. 우즈훙 武志紅(중국의 유명 심리 칼럼니스트이자 심리상담사_역 주) 심리 상담 플랫폼에서 진행한 나의 첫 번째 강의 '공격성 32강 攻擊性32講'이 대성공을 거둔 후, 청취자들은 남의 비위 맞추기를 주 제로 그 어느 때보다 뜨거운 논쟁을 벌였다. 우즈훙 심리 상담 플랫 폼은 나에게 이 주제에 대한 심도 있는 분석을 요청했고, 이 분석이 사람들의 현실 생활에 녹아들어 남의 비위만 맞추는 삶에 고통받는 이들에게 조금이나마 도움이 되길 바랐다.

그 당시 중국 우한은 신종 코로나바이러스 전염병으로 어려운 시 기를 겪고 있었다. 집에 '갇힌' 사람들은 한 치 앞도 예상할 수 없는 불안과 공포 속에서 어떻게 하면 자신과 가족을 지켜낼 수 있을지 머리를 싸맸다. 우한이 봉쇄 해제된 후에는 가정마다 흥미로운 현상이 나타났다. 어떤 사람들은 용기를 내어 이혼을 제안하였고, 또 어떤 사람들은 앞으로 함께 잘 살아가기로 마음을 다졌다. 두 달 남짓한 시간 동안 24시간을 함께 보내면서 앞으로 여생을 함께 할 것인지 아니면 헤어질 것인지 확신이 선 것이다.

이처럼 적막은 또 다른 삶을 만든다. 사람들은 앞으로 어떤 삶을 살아야 하며 이를 위해 무엇을 할 수 있을지 다시 생각하기 시작했다.

팬데믹이 끝나고 한 여성이 나를 찾아왔다. 이 여성은 남편과의 끝없는 다툼에 지쳤다고 토로했다. 처음에는 팬데믹이라는 낯선 위기를 함께 헤쳐 나가면서 두 사람의 관계가 회복될 거라고 생각했지만 이는 한낱 희망일 뿐이었다. 평소 자기 발전을 위해 열심히 노력하고 소위 잘나가는 직장인이었던 그 여성은 나를 찾아오기 전에도 수많은 강의를 들으며 남편과의 관계에서 변화를 찾고자 했다.

원래 그녀는 늘 남편의 눈치를 보는 지고지순한 '현모양처'였다. 남편과 평생을 함께하기로 마음먹었기에 그를 위해 모든 것을 바쳤던 것이다. 결혼 초 재정 상황이 좋지 않았던 남편을 대신하여 그녀가 모든 생활비를 부담했지만, 남편은 사업이 나아진 후에도 넉넉한 생활비를 주기는커녕 그녀가 돈을 쓸 때마다 시시콜콜 따지며 계산했다. 게다가 남편은 살갑게 대하다가도 갑자기 차갑게 돌변하는 소위 '나쁜 남자' 스타일이었다. 하지만 그녀는 그런 남편의 성향이 오히려 독특하고 멋있게 느껴졌고 돈에 예민하게 구는 모습을 볼 때마다 '남자가 큰일을 하려면 돈에 신중해야지. 그리고 앞으로 그 돈은 우리 두 사람의 것이 될 텐데'라고 생각했다. 그러던 중 남편의 외도 사실을 알게 되었고, 자신의 지난 노력과 헌신은 모두 일방적인 희생이었음을 뒤늦게 깨달았다.

이 여성은 깊은 고뇌 끝에 이 궁지에서 벗어나기로 결심했다. 그녀는 결혼과 팬데믹을 통해 과거의 자신이 얼마나 남의 눈치를 보고 살았고, 얼마나 자존감이 낮았으며, 얼마나 자신을 함부로 대했는지, 그리고 다른 사람들과의 관계에서 왜 자꾸 실패했는지를 깨달았다. 그녀는 새로운 삶을 시작하기에 아직 늦지 않았다고 말하며 앞으로 더 이상 타인의 눈치를 보지 않고 오직 자신을 위한 인생을 살고 싶다고 했다.

자신이 어디에서 무엇을 겪었는지를 제대로 바라보면 곤경을 벗어날 기회를 찾을 수 있다. 자기 자신을 진심으로 존중할 때, '살아날 구멍'이 보이는 것이다.

나의 지난 10여 년간의 심리 컨설팅 사례를 보면 '남의 비위 맞추기'라는 키워드가 심상치 않게 등장한다. 상대의 눈치를 보며 비위를 맞추는 성향은 이전 세대로부터 습득한 결과물이라고 할 수 있다. 부모는 자녀에게 은연중에 부모의 비위를 맞춰야 한다는 것을 가르쳤고, 자녀들은 그래야만 부모에게 버림받지 않고 칭찬과 인정을 받을 수 있다고 여겼다.

이렇게 자란 아이들이 어른이 되면 그 성향이 새로운 관계 속에 투영된다. 어릴 때 부모의 비위를 맞추던 행동 습관을 어른이 되고 나서는 배우자나 배우자의 부모에게 적용하는 것이다. 특히 돈이나 권력과 관계있는 사람들 앞에서는 자동으로 아첨 모드가 작동한다.

주체성이 뚜렷하지 않고 예민한 성격의 사람이라면 남의 비위만 맞추는 삶은 큰 비극을 초래할 수 있다.

다행히도 우리는 물질적으로 풍요로운 시대에 살고 있기에 우리의 정신세계가 새로운 변화를 꾀할 수 있는 충분한 조건을 갖고 있다.

지난 30년 전까지만 해도 억울하고 서러워도 그저 참을 수밖에 없었던 여성들이 많았다. 하지만 이제는 나를 찾아온 그 여성처럼 당당하게 일어나 자신의 목소리를 내려고 하는 사람들이 점차 많아지고 있다. 이것은 시대의 크나큰 발전이다. 사람들은 새로운 도전을 통해 자신의 존엄성과 지위를 되찾고 있다. 한 개인은 타인의 부속품이나 도구가 될 수 없으며, 인간이라는 존재 자체에 고귀한 가치가 있다고 인정받는다.

이것이 바로 '남의 비위 맞추기' 주제가 열띤 논쟁을 일으킨 이유이다. 이는 새로운 시대를 사는 사람들의 자유에 대한 깊은 열망과 한 인간으로서 존중받고 대우받고자 하는 염원을 드러낸 것이라고 볼 수 있다.

이 책 역시 '남의 비위 맞추기' 주제에 초점을 맞추고 도전정신의 필요성을 강조한다. 여러분은 이 책을 통해 진정한 자아를 더 이상 회피하거나 외면하지 않고, 자신을 깊게 바라보고 이해하며 안정적인 자아로 성장하게 될 것이다.

나는 상담을 하면서 상당히 고무적인 사례를 많이 보았다. 용감하게 자신과 마주하며 어려움을 극복하는 사람들이 우리 주위에 꽤 많았다.

우리는 모두 남의 눈치만 보는 인생에서 벗어나 자신만의 다채로운 색깔을 마음껏 드러내는 새로운 삶을 살 수 있다. 그 출발점에 서 있는 여러분에게 이 책이 도움이 되길 바란다.

각 장의 마지막 부분에 '연습' 활동이 있는데 가능하다면 본문을 읽고 연습 활동까지 해 보는 것을 추천한다. 이는 치유 효과를 높이는 데 큰 도움이 될 것이라 믿는다. 물론 이건 단순한 추천일 뿐이지 강요는 아니며 선택은 당신의 자유다.

지금까지 많은 이야기를 했지만 무엇보다 중요한 것은 행동이다. 행동하지 않으면 그 자리에 갇혀서 영원히 미래를 가질 수 없다. 물론 그 자리에 머무르면서 헌신하고 기대하며 슬픔과 분노를 느끼는 것도 하나의 선택이 될 수 있다. 나는 여러분이 자신의 현재 상황에 가장 적합한 선택을 하길 바란다. 선택에는 좋고 나쁨이 없으며, 자신의 선택을 스스로 책임질 수 있다면 그걸로 충분하다. 자신의 삶을 위해 쏟은 모든 노력은 존경할 가치가 있다.

지금부터 우리는 힘을 주는 방향을 자기 자신 쪽으로 맞추는 노력을 해야 한다.

남의 비위를 맞추는 사람이 가장 어렵게 느끼는 일은 자신을 사랑하는 것이다. 그들은 저마다 내면에 겁 많은 어린아이를 품고 있다. 오랜 시간 동안 어두운 구석에서 혼자 웅크리고 앉아 있는 그 아이는 남들이 자신을 싫어하거나 받아주지 않고 무시할까 봐 늘 두려움에 떤다. 이 겁 많은 아이는 남의 비위를 맞추는 사람의 일부분이다. 자신을 향해 "젠장! 한심해. 바보 같아, 넌 너무 약해 빠졌어!"라고 험한 말을 퍼부으며 끊임없이 공격하는 것은 얼마나 슬프고도 잔인한 일인가. 이미 지칠 대로 지친 아이는 그런 공격에 움츠러들고 더 깊은 수치심과 두려움에 빠질 뿐이다. 공격은 공격자의 분노 해소 외에는 아무런 이점이 없다.

만약 우리 내면의 어떤 부분에서 부모의 가혹한 비난과 폭력을 받아들인다면 우리는 그들과 같은 사람이 되어 자기 자신의 수치심과 무능력을 책망하게 된다. 사실 수치심과 무능력은 우리 자신의 일부이다. 우리는 그 감정에게 약간의 공간을 주어 그곳에 머무는 것을 허락함으로써 자기 자신이 현실을 제대로 바라볼 수 있도록 해야 한다.

이제부터 자신에 대한 공격을 멈추자. 그리고 내면에서 '나는 부족해. 나는 못났어'라는 목소리가 들릴 때 자신에게 말해 보자. "이제 그만해. 나 자신을 공격하지 마."

처음에는 바로 멈추기 어려울 수도 있지만 반복적으로 시도하다 보면 공격이 자신에게 미치는 영향을 약화시킬 수 있다. 모든 감정은 저마다의 존재 가치와 의미가 있다. 남의 비위를 맞추는 행동 역시 존재할 자리와 공간이 필요하기에 이를 무작정 비판해서는 안 된다.

우리는 더 많은 공간을 마련하여 너그러운 자아를 발전시킬 수 있다. 수치심과 무력함에 찌들어 있는 내면의 아이를 만나면 이렇게 물어보자. "내가 너를 안아줘도 되겠니?" 그리고 가능하다면 두 손을 뻗어 그 아이를 품에 안고 아기 대하듯 살살 어루만져 주자. 그러면 아이는 따뜻한 관심과 사랑, 그리고 자신이 받아들여지고 있음을 비로소 느끼게 될 것이다.

숱한 두려움을 경험하면서 이를 이겨내려고 안간힘을 써온 아이, 이 아이는 용감한 영혼을 갖고 있다. 충분하다고 느낄 때까지 아이를 따뜻하게 안아주며 이렇게 약속하자.

"앞으로도 자주 안아줄게. 나는 언제나 너와 함께할 거야."

남의 비위를 맞추는 것이 살아남기 위한 몸부림이었음을 알게 되었을 때, 그 행동 뒤에 숨겨진 나약함, 무력함, 갈망을 보게 될 것이다. 남의 비위를 맞추는 사람은 그저 자신을 표현하고 더 나은 자신을 만드는 방법을 아직 찾지 못했을 뿐이다. 그들 역시 행복한 삶을 동경하며 다른 사람의 관심과 이해, 공감을 간절히 원하고 있다.

내면의 겁먹은 아이에게 사랑을 주기 시작하면 그 아이는 천천히 어둠에서 나와 따스한 햇살 속에서 나와 함께 춤출 것이다.

만약 내면의 자아와 조화롭게 공존할 힘이 부족하다면 그 존재를 허용하는 것부터 시작해 보자. 지나치게 편집적인 생각에 빠지면 내면이 분열되어 서로 충돌하며 끊임없는 소모전을 벌이게 된다. 이렇게 주변 세계를 모조리 파괴한다고 해도 내 자아는 최종 승자가 될 수 없다. 모든 것이 균형을 되찾게 만드는 힘, 그것은 바로 '사랑'이다.

마지막으로 나는 인민우편출판사人民郵電出版社의 편집자인 량칭보樑清波 여사에게 특별히 감사의 말씀을 전하고 싶다. 량칭보 여사는 소중한 작업 공간을 마련해 주었을 뿐 아니라 원고 편집 과정에서도 큰 배려와 따뜻한 지지를 아끼지 않으셨다. 또한 이 책에 대해 소중한 조언과 지도 편달을 해주신 출판사와 편집부에게도 감사를 드린다. 그분들의 도움으로 나 역시 나 자신의 마음을 제대로 직면할 수 있었고, 이는 양질의 책을 만들어내는 데 밑거름이 되었다.

이뿐만 아니라 우즈훙 심리상담소의 동료들, 내담자분들, 블로그 팬 여러분들, 그리고 독자 여러분에게도 감사 인사를 전한다. 여러분 한 분 한 분은 나에게 풍부한 영감과 깊은 사고를 선사해 주셨다.

물론 내 사랑하는 가족과 친구들에게도 고마움을 전하고 싶다. 그들의 감정적인 서포트와 현실적인 지원이 있었기에 내가 이 책을 완성할 수 있었다.

　남의 비위를 맞추는 것은 잘못도, 죄도 아니다.
　여러분이 사랑과 평안을 창조하는 힘을 갖고 내면의 진실과 용기에 하루빨리 도달할 수 있기를 바란다.
　그리고 무엇보다 자기 자신을 포용하고 이해하며, 깊이 사랑하길 바란다.

내면의 쉼표를 찾는 여정

- 준비물 : 펜과 노트
- 소요 시간 : 15~30분

　자, 이제 처음으로 다시 돌아가 보자. 그동안의 모든 연습은 진정한 받아들임을 위한 준비 작업이었다. 리듬을 최대한 늦추고 깊이 심호흡하며 내면의 나를 느낄 때, 이 모든 것이 존재할 수 있는 공간이 서서히 만들어진다. 이 연습을 자주 해 보길 바란다.

　마지막으로 빛을 다시 내 곁으로 초대해 보자. 신비로운 힘을 가진 그 빛은 나를 따뜻하게 비추며 동행할 것이다. 내가 편안함을 느낄 때까지 빛의 온도, 밝기, 색상을 마음대로 정할 수 있다. 지금의 여러분은 이미 그 빛에 깊은 친근감을 느낄 것이다. 그 빛은 앞으로도 나와 함께하며 내가 원할 때마다 희망과 사랑을 가져다 줄 것이다.
　이어서 내면의 안전 기지로 들어가 보자. 이 안전 기지는 한 달 동안 나의 가장 깊은 동반자로서 나를 보호하고 힘을 실어주었다. 이 같은 사랑과 온기를 느끼며 지난 30일 동안 자신이 어떤 경험을 했는지, 지금의 나와 이 책을 처음 펼쳤을 때의 내가 어떤 차이가 있는지 깊이 생각해 보자.

　현재의 자신을 위한 한 편의 시를 써 보자. 대화 형식이나 서술 형식도 좋고 자신이 원하는 그 어떤 형식도 상관없다. 아무런 판단도 하지 말고 자신과 깊이 대화하며 써 내려가자.
　이 시는 자기 자신의 성장을 기원하는 선물이다. 자신을 진심으로 대하는 순간마다 이 시를 가슴에 품고 기억한다면 현재에 뿌리를 내리고 미래를 향해 나아갈 수 있을 것이다.

사랑하는 여러분, 이렇게 오랜 시간 동안 함께해 준 것에 깊은 감사를 드린다. 지금의 이별은 아쉽지만 앞으로 여러분 모두 자신만의 성장의 길을 꾸준히 걸어갈 것을 믿는다. 우리 서로를 깊이 사랑하며 함께 나아가자.

참고문헌

[1] 지그문트 프로이트(Sigmund Freud) 《프로이트 전집(The Complete Psychological Works of Sigmund Freud):특별판》 (전 12권)

[2] 스치쟈(施琪嘉). 《심리치료이론 및 실천(心理治疗理论与实践)》

[3] 데이빗 월린(David J. Wallin) 《애착과 심리치료(Attachment in Psychotherapy)》

[4] 제롬 블랙맨(Jerome S Blackman) 《마음의 가면 : 101가지 심리적 방어(101 defenses : how the mind shields itself)》

[5] 올리버 제임스(Oliver James) 《그들이 당신을 미치게 한다(They F*** You Up: How to Survive Family Life)》

[6] 지그문트 프로이트 《꿈의 해석(The Interpretation of Dreams)》

[7] 헤리엇 바세체스(Harriet Basseches)/폴라 엘먼(Paula L. Ellman)/낸시 굿맨(Nancy Goodman) 《Battling the Life and Death Forces of Sadomasochism》

[8] 멜라니 클라인(Melanie Klein) 《Love, Guilt and Reparation and Other Works》

[9] 크리슈나난다(Krishnananda)/아마나(Amana) 《Face to Face with Fear》

자신을 늘 개척해가는 자세를 갖는 것이
이 인생을 최고로 여행하는 방법이다.
프리드리히 니체

삶이란 우리 인생 앞에 어떤 일이 생기느냐에 따라 결정되는 것이 아니라,
우리가 어떤 태도를 취하느냐에 따라 결정되는 것이다.
존 호머 밀스

우리는 그토록 매번 누군가 어느 길로 가라고 정확하게 지시해 주기만 바랐다.
하지만 그런 길은 대부분 잘못된 길이었다.
세스 고딘

모든 사람은 경탄할만한 잠재력을 가지고 있다.
자신의 힘과 젊음을 믿어라. '모든 것이 내가 하기 나름이다'라고
끊임없이 자신에게 말하는 법을 배우라.
앙드레 지드